中央美术学院造型学院阿城客座系列之二

昙曜五窟

文明的造型探源

阿　城　著

中华书局

图书在版编目(CIP)数据

昙曜五窟:文明的造型探源/阿城著. —北京:中华书局,2019.1
(2022.4 重印)
ISBN 978-7-101-13047-8

Ⅰ.昙… Ⅱ.阿… Ⅲ.佛像-造像-研究-中国 Ⅳ.K879.34

中国版本图书馆 CIP 数据核字(2017)第 320435 号

书 名 昙曜五窟:文明的造型探源
著 者 阿 城
责任编辑 朱 玲
出版发行 中华书局
　　　　　(北京市丰台区太平桥西里 38 号　100073)
　　　　　http://www.zhbc.com.cn
　　　　　E-mail:zhbc@zhbc.com.cn
印 刷 天津图文方嘉印刷有限公司
版 次 2019 年 1 月第 1 版
　　　　　2022 年 4 月第 2 次印刷
规 格 开本/889×1194 毫米　1/16
　　　　　印张 13　字数 150 千字
印 数 10001-13000 册
国际书号 ISBN 978-7-101-13047-8
定 价 168.00 元

目　录

2010年4月26日与中央美术学院造型学院研究生在云冈昙曜五窟第20窟前
（后排左起第四人造型学院副院长油画系主任谢东明先生，第五人本书作者，第六人云冈研究所副所长李立芬女士）

2011年5月28日与中央美术学院造型学院研究生在云冈昙曜五窟第20窟前
（后排左起第四人四画室申玲教授，第五人二画室石煜副教授，第六人造型学院副院长油画系主任谢东明先生；后排右起第
一人油画系四画室王玉平教授，第二人央美展览馆胡晓岚女士）

说　明

　　《昙曜五窟：文明的造型探源》紧接《洛书河图：文明的造型探源》（中华书局，2014 年）之后，连续构成讲座课程的全貌。

　　整个课程，不整理成学术体，而是根据录音整理成讲述体，是有原因的。我兄长辈的朋友，也下乡插过队的李楯先生，上世纪 60 年代拜陆宗达先生为师，私学《说文》，并录有笔记，兼记有当时情境。后来他的笔记体文本出版社不能出版，我不以出版社要求学术体文本为当然。

　　授课，是交流。交流，当有情境。情境能够呈现，利于后人察觉前人所处的社会质感，例如流行话题、私下语、政治避讳、与文脉的疏离程度等等，比前后文的关系还重要。讲述体一般会有普及的效果，利于进入。如今渐渐讲究文化，这样利于进入，深浅各得，讲述体类似功德。

　　讲述中常常提到长辈前辈，很多人是不便说的。仅举一二例如王利器先生。王利器先生与我父亲同籍重庆江津，又都在江津中学，还都在反右中成为右派。王利器先生在四川大学的毕业论著《风俗通义校注》，导师是向宗鲁先生。之后是傅斯年的研究生，三年写成《吕氏春秋比义》。抗战胜利后应胡适先生邀聘任教北京大学文学院，设专书课，讲《庄子》《史记》《淮南子》《世说新语》《文心雕龙》，后又应傅斯年先生邀，设校雠学。1950 年还住在沙滩北大红楼，后来搬去东四十条北大教授宿舍。1954 年王利器先生调人民文学出版社下属文学古籍刊行社，1957 年代严文井先生成为右派分子。"文革"前三万余册藏书，包括敦煌卷子、宋元善本、明清刻本被抄没，抄录的数万张卡片被烧毁。王利器先生的学问深而广，超过古人说的上知天文下晓地理，古籍校注一流。我父亲换《庄子》版本就是请教王利器先生后才又在中国书店买的。有传闻王利器先生听戏时在舞台下面，情不自禁时会叫好，观众很惊愕；听王利器先生说话时要脑筋转得飞快，读过的没读过的都要记住才能受益，发现他的系统思路，得益匪浅。又例如我父亲 1949 年刚入城时，见到我的三姨姥爷，三姨姥爷谈的哲学家是维特根斯坦。后来他办的橡胶厂公私合营为北京橡胶厂。再例如画家李宗津先生，也是右派，"文革"中常常关心我下乡仍画画否，所以我回北京必要去他在北大的家看望他，仔细看他画在很多小木板上的北京墙壁，法式外光色彩教养深厚，于是请教他色彩灰的问题。中国的天文知识系统，弹古琴的老人也都知道，指着七徽说，这是太极，紫微星，以此旋宫转调，五弦曲与七弦曲的区别："'手挥五弦，目送飞鸿'，晋人嵇康，尚是五弦嘛，宋人画中，才添到七弦哟。""文革"初起抄家时，寄卖店里一张宋或明琴也就是卖五角，我至今还有一张当年被人砍弦时伤及琴面的清琴，我看古琴，是有血的。如今有人做琴专门漆点儿红漆在琴上，触目惊心。

以出版文献学术著作著名的中华书局，容忍我的讲述体，要感谢中华书局。造型课以图像分析论证为必须，中华书局向以文献出版为传统，能容忍此书图多文少，再次感谢中华书局的容忍和责任编辑朱玲女士的辛苦。

幸好能借此机会，

感谢中央美术学院造型学院院长苏新平先生和副院长兼油画系主任谢东明先生对课程的支持；

感谢广州白马广告公司韩子定先生借我有关佛教图像的诸多画册多年，使我授课时有诸多便利；

感谢山西大同云冈研究所李立芬女士对美院此课程师生到昙曜五窟现场学习研究提供莫大便利；

感谢 David W.Dewey 杜唯和林喜翔先生提供汉代"建鼓俑"图片；

感谢黄姒、王含章、韩亚菲、夏福玲、梁可娜、杜宗花对授课图像资料的收集整理；

感谢胡晓岚女士对授课图像资料的收集整理；

感谢刘丹先生慷慨使用他深厚的国际关系帮助我取得图片版权使用；

感谢梁鉴先生允许无偿使用他历年所拍摄的有关犍陀罗佛教雕像的数码影像；

感谢网名 sergio 先生允许有偿使用他在法国吉美博物馆拍摄的犍陀罗弥勒下生经石雕的数码影像；

感谢尤高峰、李文豹在电脑排版中的灾难式辛苦，这个灾难是我的要求造成的；

感谢诸多私人收藏者对我无偿提供图像资料的帮助。

断裂与承续

诸位，

＊见《洛书河图：文明的造型探源》中华书局，2014 年

从之前造型梳理的课上＊，我们注意到从新石器时代的天极崇拜，和那个向内弯臂的天极神崇拜，虽然一路下来有些改动，但原型一直在。

我们通过大量的青铜祭器的比对，发现到西周晚期，那个人形的天极神符在青铜祭器上开始消失了，但是天极符号的菱形还存在于灵物，例如牛首、虎首额上。所以，我的猜测是，这非常可能是共和期间废掉了周王祭祀天极神的资格，但还可以祭祀天极。周王的威权，自此开始滑坡，诸侯开始不纳页，开启了东周时代的春秋时期的政治形态。春秋时期，诸侯开始争霸，"霸道"开始上升，"王道"开始衰落。"霸"是"伯"，公、侯、伯、子、男，伯是诸侯之领，大家都在争做这个伯，也就是霸。谁争到了，还是要得到周王的封号，所以这个霸，形式上还是行"王道"的"霸道"。孔子对帮助齐桓公争霸成功的管仲，佩服至极，就是这个道理。虽然礼崩乐坏，毕竟霸主还是要借行王道的，所谓齐桓公"尊王攘夷"的尊王。

到了战国时期，周王毫无威权，这时候的"霸道"演变成霸主要取代周王。诸侯们开始各自称王，例如齐某公变成齐某王，我们并不清楚他们是如何具体祭祀天极的，因为在在祭器的造型上，完全找不到天极神符了。到了秦嬴政统一中国时，嬴政不但要做祖先神，也就是"皇"，还要做天极神，也就是"帝"，而且自称第一代，始皇帝。我们观察秦鼎的造型，当然找不到天极和天极神的符号，因为嬴政认为自己就是天极神，帝，居于天极。做了天极神，当然要模仿"斗"车四时旋转的方式，多次巡游疆域。千不该万不该，还是听了儒生的话，去了泰山封禅。泰山是专门祭祀天极太一的，如果自己是"帝"，又去祭祀"帝"，自己祭祀自己，岂不荒唐？去泰山祭祀封禅，传统上是"王"的行为，结果嬴政事实上将自己降格为王。这是儒家在中国集权专制的初始时刻，巧妙地用"使帝称王术"坚持"道统"的行为。我至今还记得"文革"时几个长辈说起"帝王术"时的得意，使劲地擦上嘴唇，因为那时不许蓄须。

西方人认为中国奉行的是多神教，应该是英文的《老子》《论语》错译所致。中国的崇拜，是《老子》所说的"一"，太一，泰一，天极，唯一不动的那颗北极星。其他的，都是灵，例如苍龙，例如朱雀，再有是仙，再有

图1 德方鼎 西周成王 上海博物馆藏

图2 外叔鼎 西周早期 陕西历史博物馆藏

图3 史颂鼎 西周共和 上海博物馆藏

图4 毛公鼎 西周宣王 台北"故宫博物院"藏

西周早期的天极神符和商代的天极神符几乎没有区别（图1、2）。

西周中期开始有天极神符向"品"形的变化倾向，应该是周要有自己的天极神符。

西周晚期的共和时期，就完全是"品"字形的天极神符，串联起来，好像共和圆桌会议的情形（图3）。"品"字形也就是天极神形的简化。如下图：

共和之后的宣王，没有了天极神符（图4）。

文献中没有共和时期剥夺周王祭祀天极神的记载，但是从造型上看，应该是没有了相应的权力。这之后的春秋时期，周王威权下降，诸侯争霸、称王的政治形势上升，也可以从各国青铜器天极神符的消失体会出来，所谓"礼崩"。

3

是精，还有是怪等等。神，只有一个。

从商对商之前的天极神符的继承，一路下来，到西周晚期，符型有变，不再独享；到秦统一，符型消失，王的称号时代转换为皇帝的称号时代，但仍然是绝他人的地与天的通，维护自己的地天通。到汉，继承皇帝的称号绵延至清代，没有废除祭祀天极，而是一直延续下来，成为政权的合法性内核与形式。

我们找不出汉代的统一的天极神符。朱雀与青龙、白虎这三个灵还在，但是一路传到商、周，代表天地上下东西南北中的龟，被贬逐去代表北方灵，并且与蛇为伍，称为玄武；类神的东王公、西王母、伏羲、女娲的造型开始出现，其实为祖先崇拜；日、月的造型崇拜开始出现；大量的仙出现，月中玉兔和蟾蜍和日中三足乌，都可视为仙，其中羽人的造型最为常见。

汉代是一个造神的时代吗？从造型上看，似乎是，但我不这样认为。我认为这个现象恰恰反映出先秦时代的"绝地天通"。祭祀独享时，被禁止的其他祭祀内容和形式，由于刘邦以平民出身执掌大权而释放出来了。这也让我们深刻地注意到，商周时期常常提及的征伐蛮夷的实质，除疆域的纷扰，应该有相当部分是因为蛮夷的祭祀违犯了"绝地天通"的最高禁令，结果被征伐。也许征伐只是杀了蛮夷的巫师，破除了祭祀而已。刘邦出生在沛丰邑，也就是现在的江苏徐州丰县，正是传统的东夷之地，周代属楚地，我们不要忘了楚武王熊通的那句名言"我蛮夷也"，既然称王与周王平，又调侃自己是蛮夷，当然可以祭祀天极，不管周的绝地天通。刘邦也以母亲与龙交配来加持自己的合法性，自此龙的地位上升。汉朝的皇帝，直到董仲舒为汉武帝提出"天人合一"，才彻底解除了合法性的焦虑，汉武帝当然要废黜百家，独尊儒术了。这是汉代新儒家对孔儒的一次大异化。刘邦虽然封王恢复秦统一之前的封建制，但与先秦的王室贵族制是一个断裂，开始了"皇帝轮流坐，明天到我家"的新贵时代。现在大家一口一个贵族，我见过"皇家牛肉面"的饭店招牌，这个贵族怕是可怜到了出钱可以再加勺牛肉的地步了吧。

宅兹中国

这里，其实涉及到"中国"的本意。讲个当代的事。

1963 年的 8 月，陕西宝鸡市东北有个贾村，贾村有个陈姓人家，屋后有个丈来高的土崖，雨后土崖有塌。陈家恐怕崖上面塌下来砸着人，就搭了个梯子挖上面，就有土块落下来。没想到落下的大土块里包着个铜器，陈家就把它摆到楼上盛粮食了。这当然是最现实的用法了。到了 1965 年的 8 月，这时正是全国闹四清运动的时候，陈家钱紧，就把这个铜器连同其他废铜烂铁，一麻袋扛去宝鸡的废品收购站，卖了三十块钱。这在当时是一笔大钱，相当于一个技术员的一个月的工资，可见这个铜器斤量儿不轻。到了 9 月，宝鸡市博物馆有个干部佟太放，来这家废品收购站，站里说最近收了个青铜器，老佟一看就断为周代的，回去报告了馆长吴增昆，吴馆长马上派保管部主任王永光看看，随即三十元买下，这个青铜器就归了宝鸡市博物馆（今宝鸡青铜器博物院）（图 5）。

绝的是，到了 1975 年，这个青铜器要去日本参加一个中国青铜器展。出国前，上海博物馆馆长马承源先生觉得这么大个尊，应该有铭文吧，就伸手到尊里摸它的底，觉得有，就叫人清理。清理之后，果然有铭文。拓出来一看，有一百二十二个字，一个叫"何"的宗族小子记载了周成王营建洛邑王城的事，于是命名为"何尊"（图 6）。事情大了，何尊也就不去日本参加展览了。后来的事情更大，铭文中含有"宅兹中国"，成为文字记录"中国"的最早证据。宝鸡博物馆说这是我们镇馆之宝啊，马承源先生说哪里啊，这是镇国之宝！

"宅兹中国"自此成为一个大题目，专家学者立论无数。

根据古文字学家的整理释读，我们来看看这一百二十二个字的内容。一般周代铭文的开始，常常有一个"唯"，是呼唤，而何尊的铭文里，有四个"唯"，是四次呼唤，所以它明明白白是一篇祷文。"唯"的金文字形，是鸟，相当于四灵中的朱雀。呼唤灵鸟，是请它带着人间的祷告，上升到天极神那里。我把内容按"唯"字做了分段：

唯！王初雍，宅于成周，复禀武王豐福自天。在四月丙戌，王
诰宗小子于京室，曰：昔在尔考公氏，克逑文王，肆文王受兹大命。
　　唯！武王既克大邑商，则廷告于天，曰：余其宅兹中国，自兹义民。
呜呼！尔有虽小子亡识，视于公氏，有勋于天，彻令。敬享哉！（武
王说的宅兹中国）
　　唯！王恭德裕天，顺我不敏。王咸诰：何，赐贝卅朋，用作庚
公宝尊彝。
　　唯！王五祀。

　　好，我们先不管是如何断句的，且来直观这篇铭文的拓片（图7），
把它当做一个图像。问题开始显现了。
　　有四个重复的人形的字，立刻被我们注意到，这是一般解做"天"
的金文字。但是我们在以前的课上，见过大量的天极神符，所以我们知道，
这个"天"，是天极神，上帝，因为它的头，是个圆疙瘩，那就是北极星，
天极，是一，太一。《老子》说"大音希声，大象无形"，是指天极无声，
无形，而不是现在一些艺术家说的什么"最大的声音是没有声音，最大
的形象是没有形象"，好像玄得很，其实是不知道"大"是"太"。但
是我们在这里看到的，却是有人形的"太一"，《老子》讲错了？我讲过，
我非常认同李零先生的考证，《老子》成书在战国。天极神符，是从远
古的巫传续下来的神符，呈人形，而《老子》表达的是一种相对于巫时
代的觉醒，不言怪力乱神，将巫的宇宙观整理为道生成太一，太一生成天，
天再生成地，地则生成万物。相对于当时巫的宇宙观，《老子》表达的
是一种虚神的宇宙观，是道生成了神，也就是一，是很了不起的觉醒状态。
　　何尊铭文表达的是西周初年继承商的巫观。在这个天极神的巫观里，
谁祭祀天极神，谁就拥有合法性。所以何尊里的这个天极神符，不应该
释为"天"，而应该是太一神，天极神，上帝，才符合当时的情境。
　　铭文里四次吁请灵鸟中的第二次吁请，出现了被当代中国学者高度
重视的"宅兹中国"。这确实非常重大。但在我看来，这个解读为"中"
的字，表达的不应是地理概念的"中"。
　　我们来看这个象形文字。它的图形是一个圈，被一竖线贯通，圈的上下，

图 5 何尊　宝鸡青铜器博物院藏

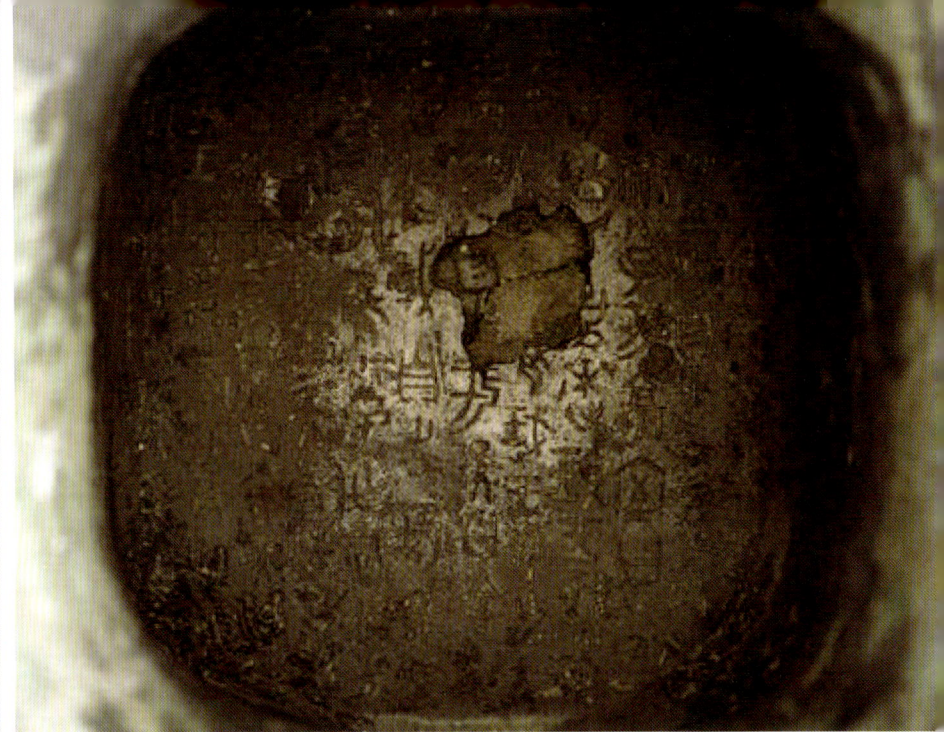

图 6 何尊内底铭文

宅兹中国

天

豐

图 7 何尊铭文拓片

还有飘扬的四条曲线。（图9）

这明明白白是"建鼓"的象形文字。

在汉代墓葬里的画像石上，击打建鼓的造型几乎是必有主题（图8、10、15、16、18），穿鼓而过的建柱上有飘带，有飞羽，就是何尊铭文里"中"字的"飘带"。最为可贵的是，苗族至今保持着建鼓的上古制式传统（图14）。苗族的建鼓只用于祭祀祖先和丧礼仪式，仪式过后，就收藏起来。击建鼓时同时有吹笙舞蹈，仪式过后，同建鼓一样，芦笙也是要收藏起来，不再动用。像我们在旅游中看到的击鼓吹笙的表演，苗族人很不认同，认为不敬，但是没有办法。击打建鼓时吹的笙，排列的竹管模仿鸟翅，合音则是模仿鸟鸣。画像石中建鼓之上的鸟，屋顶的鸟，通天树上的鸟，无处不在的鸟，就是那个金文字"唯"，它们引导上升的亡灵，达于天界。

有四条飘带的"中"，是击建鼓，使声达于太一，同时祈使灵鸟将人间更多信息达于太一。

建鼓后来演变成直到现在还在用的大鼓。这种大鼓，两面各绷整张生牛皮，涂些石灰在牛皮内面，牛皮不会腐败。牛皮干缩后，会绷得很紧，有风吹过，都产生嗡嗡的低颤音。响鼓不必重槌敲。击打这种大鼓的要点在于力量先不必大，但提槌要快，让鼓皮"荡"起来，之后借"荡"的力量，不必费力敲很快就非常大声了。

鼓皮一定要用牛皮吗？对，不可以用羊皮、猪皮等等，因为只有牛皮的声音，天才会听到，做鼓的人和巫师都这么说。上古之祭，王用太牢，太牢，即是太一之祭，是用牛做牺牲的最高级的祭祀，我们在过去的课里见到过苗族祭祀时用有额头旋儿的牛头，旋儿的形状正好与漫天星宿围绕天极星旋转相应。而此时击打的建鼓，是用牛皮所制之鼓，声响可达于天。所以，建鼓是沟通地、天的鸣响之礼器。裘锡圭先生在《甲骨文中的几种乐器名称——释"庸""豐""鞀"》里，考证庸是钟，豐是建鼓（《古文字论集》，中华书局，1992年）。我们可以在铭文里看到这个豐字（见图7）。

我们再看这篇铭文里的"宗""室""宅""宝"，都是在宀里的字，这四个字，都有宝盖头"宀"，这个宀，象形都是类似宗教建筑。"宗"不必说了，"室"也不必说了，"宝（寶）"是执玉、贝之所，"宅"的意思也应通此。如果我们考察金文里所有以宀组合的字，都含有祭祀的意思。青铜器铭文结尾用"子子孙孙永宝用"这句金文套词，意思是要子子孙孙永远用玉、贝祭祀天极神与祖先啊。

这篇铭文，看下来，一是讲成王"宅"，祭武王，又在"室"说到何的先祖与文王的关系。二是强调武王克商之后，宅，祭天，天命革到周这一边，取得周的合法性。三是讲成王顺天命，何用成王赐贝的资格，铸了尊。《尚书》中《周书》的部分里，有《召诰》和《洛诰》两篇诰文，都是反复在讲营建洛邑王城之前、之中、之后不断祭天，何尊铭文的祷文内容与它们属同一情境。我在之前的造型课里，其实不断在讲的是上古宗教范围里的造型。到甲骨文、金文象形文字出现时，仍然从祭祀、祷告去辨析解读宗教的情境，是非常重要的途径。

所以这个"宅"，可不是我们现在遮风挡雨的住宅，也不是豪宅，而是宗教场所。通篇铭文的情境，都在讲一个主题，即，播建鼓（豐、中）通于上帝，我们于"兹"祭祀你！

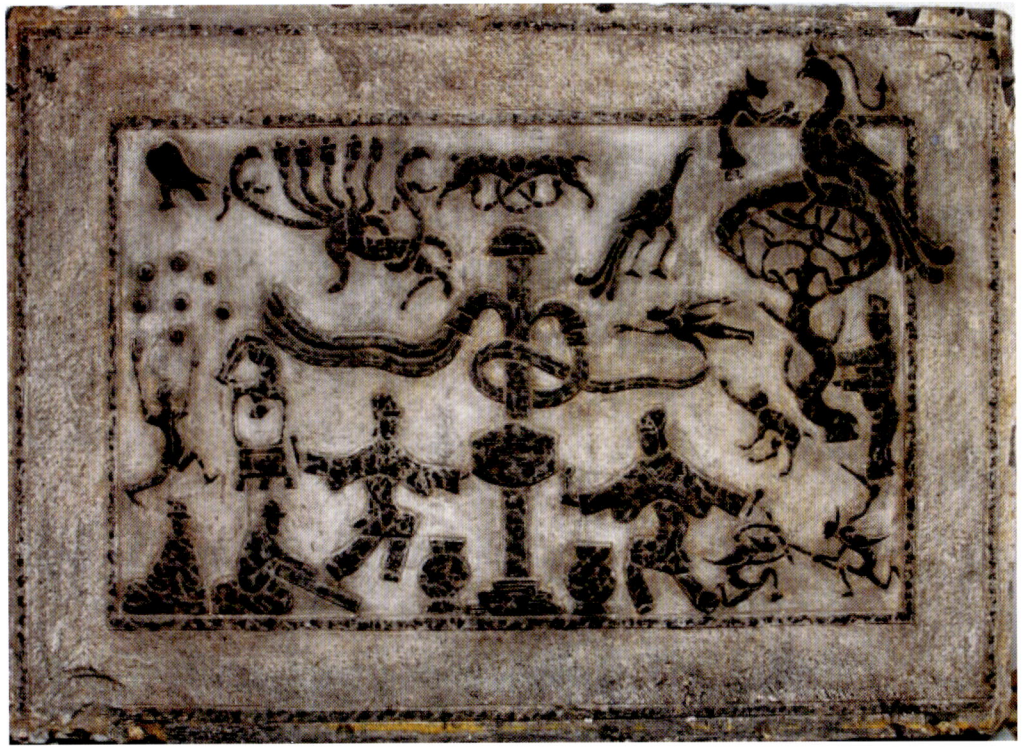

图 8 击建鼓　刻石　汉　山东滕州汉画像石馆

图 9 何尊铭文拓片（局部）

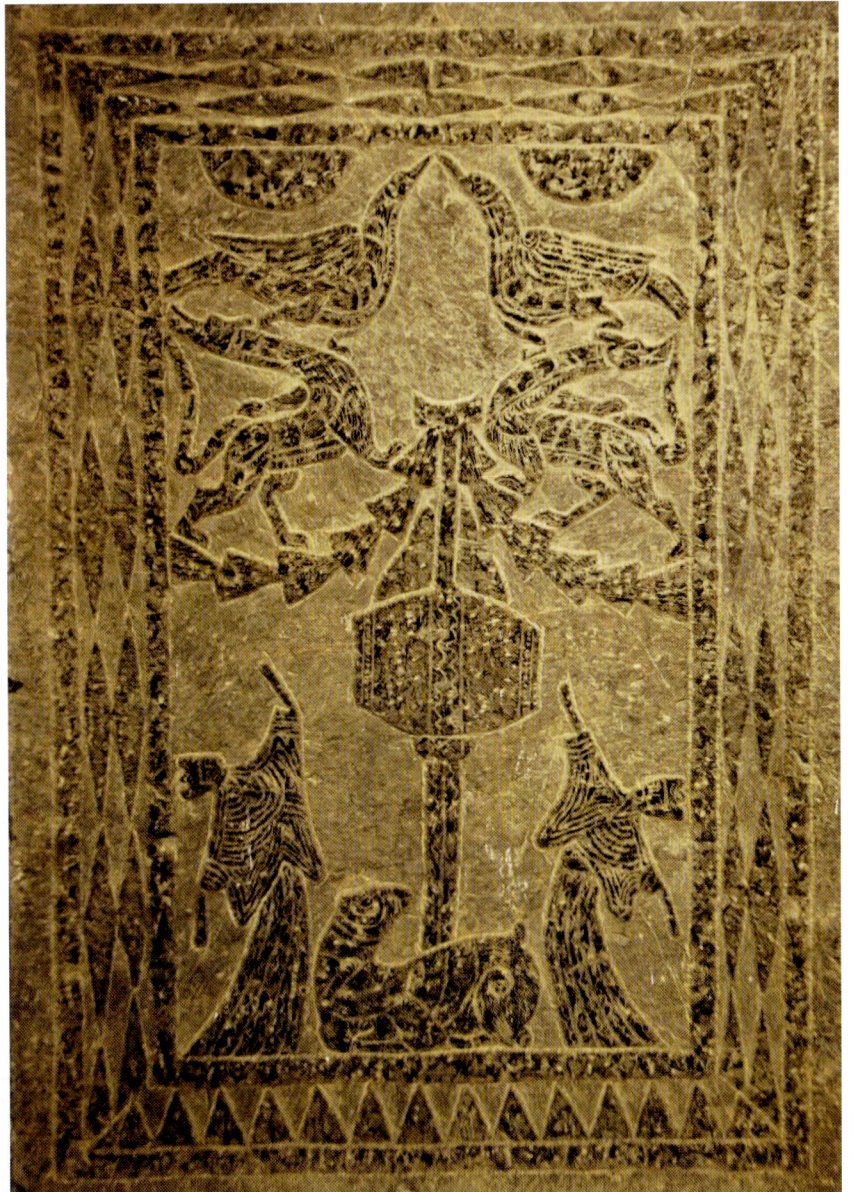

图 10 击建鼓　刻石　汉　徐州汉画像石艺术馆藏

图 11 建鼓俑　汉　The David W.Dewey Collection 杜唯和林喜翔收藏

击建鼓者头戴凤鸟冠，鞋尖弯起，应该是巫师。

图 12 透雕蟠龙建鼓复原　上海博物馆藏

图 13 曾侯乙墓建鼓底座　战国　湖北省博物馆藏

图 14 苗族鼓笙　贵州省台江县施洞镇　贵州河湾苗学研究院安红提供

与祖先沟通的击鼓吹笙仪式，苗族仍在保持，称为"待蒙"，十三年举行一次。仪式后鼓和笙封存禁用。注意击鼓吹笙者围腰上都绣有八角星纹。

拨浪鼓

笙

排箫

图 15 建鼓乐图 徐州汉画像石艺术馆藏

图 16 建鼓乐图
山东省金乡

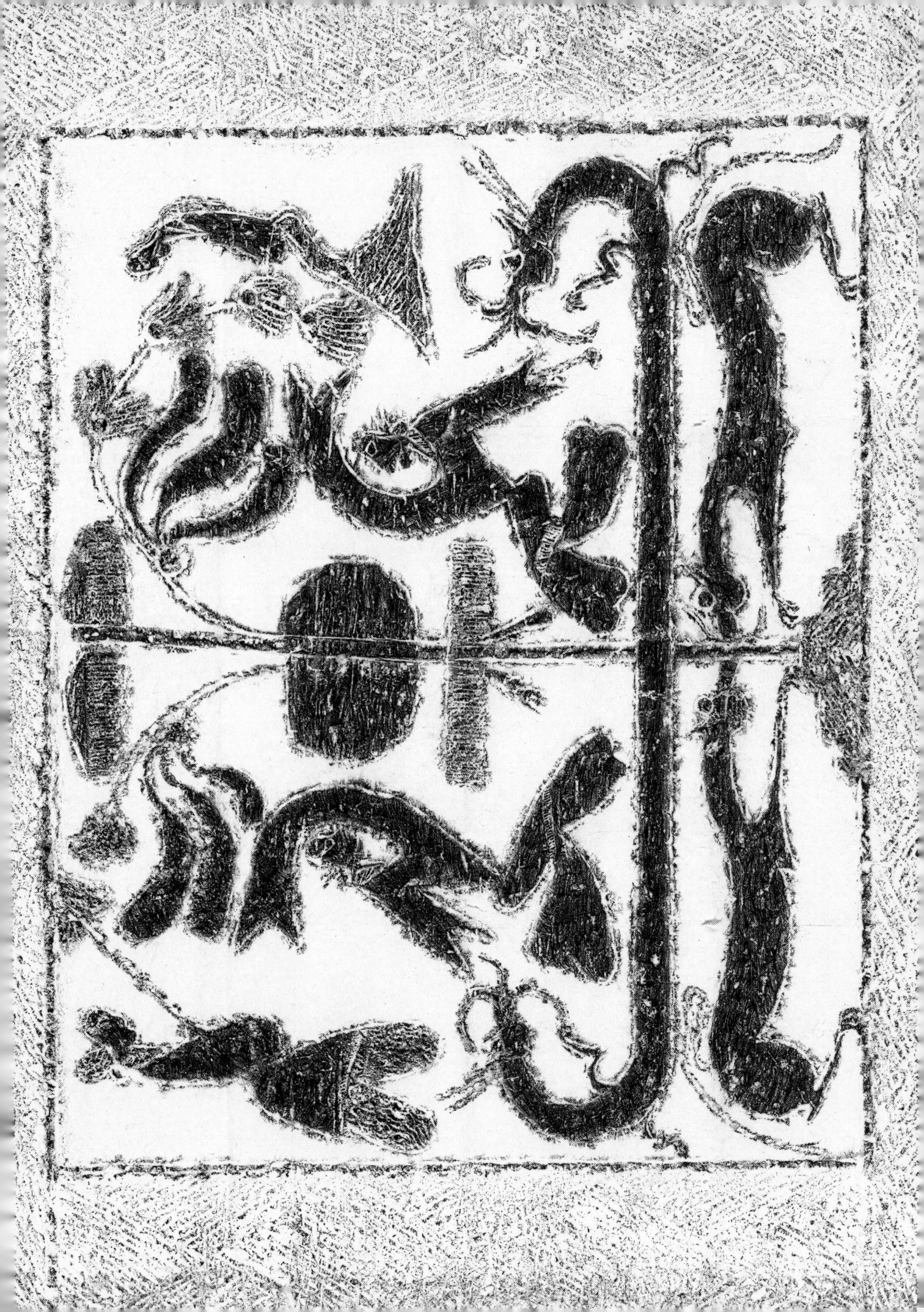

图 17 水陆攻战纹铜鉴（局部） 河南省卫辉市山彪镇战国一号墓出土

建鼓又用于战争。从配饰羽毛的情况看，有告天得到神助的作用。

车载的建鼓，很罕见。这张拓片显示，建鼓和鼓乐队都在一辆车上，好像是游行的状态，但是画面中的鸟告诉我们，他们是在升天的途中。

图 18 车上建鼓
　　　山东省梁山县

因此，"宅兹中国"，无论在宗教仪轨上，还是精神内涵上，都不是一个地理概念的"中"。周人的三次迁都，如果是地理概念，就讲不通了。"中"的意思是不管迁徙到哪里，就在那里建"宅"祭祀太一神，保证合法性，就是中国历代王朝要遵循的 "王道"与"道统"。

中国，从本质讲，不是地理的概念，而是在宇宙观或者世界观，再或者从哲学观上来说，是星象崇拜的概念。也就是，北极星，太一，这个唯一，才是 "中"，只要是祭祀它的"国"，就是中国。历史上的各代王朝不断迁徙自己的首都，从地理上说，这个中，漂移得厉害，现在我们应该明白，不管政治中心迁移到哪里，只要权力者在那里祭祀太一，天极神，上帝，那里就是中。

宅兹中国，祭祀太一，就必然会按照星宿与北极星的关系，调整九州的位置，所谓仰观垂象。你们还记得以前讲过的洛书符吗？九宫格？它是表达中与八方的关系的，也就是中州与其他八州的关系的。秦始皇建立统一政权，首都在咸阳，于是重新定位九州，历史记载得清清楚楚。我到山西大同去，和朋友说起大同是昂宿，没问题，人人都知道。明清定都北京，按紫微垣的星宿位置，天津也就定下来了。所谓紫禁城，就是对应紫微垣，紫微星就是太一，太和殿为什么有个"太"字？很清楚；为什么有个"和"而不是"合"字？也很清楚。在老一辈人那里，这都是常识。

所以，北京的中轴线，并非是对应正午时阳光的正射，所谓子午线（图19），而是这个中轴线的北端，是北极星，它与正午时阳光正射有一个偏角。有专家认为这是古人使用指南针时磁偏角导致，其实中国科学史家戴念祖先生在70年代就证明磁极是漂移的，11世纪宋朝时，地球的磁北轴偏向西伯利亚，而现在磁北极停在格陵兰岛有二百年了（《我国古代的极光记载和它的科学价值》，《科学通报》1975年第10期），不能做轴线依据。之所以有北极星，是因地球自转轴对应出来的，而地球自转轴和子午线并不严密同轴。历代王朝之所以在自己的朝代名前加一个"大"，例如什么大魏、大齐、大唐、大宋、大明、大清，这个大其实是"太"，以太一为中的意思，所以中轴线对准的是北极星。只有以北极星为一端，才能克服长距离测量的困难，例如元上都与元大都（北京）的精准同轴线。

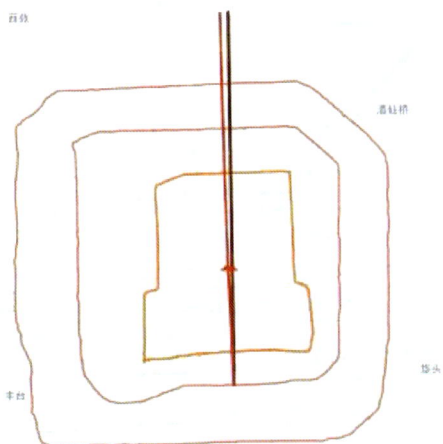

图19 北京中轴线（红线）与子午线（黑线）的偏差示意图（翟智高制图）

图20 北京中轴线实景

图 21 陕西省富平县　唐高祖李渊曾孙
李道坚墓壁画

壁画中的山顶，升起灵芝形
的祥气，意味着灵魂上升于天。
这个山水图形，上承汉，下启宋。

① （元末）曹昭《格古要论》

② 启功：《戾家考——谈绘画史
上的一个问题》，1963 年

③ 《千里江山图》在 2009 年"故
宫藏历代书画展"展出，2017 年再次
展出。现有原大印刷品。

山水画的涵义

这个"中"的概念，也是中国山水画的起源之一。

元初时，赵孟頫向宋末元初的画家钱选请教山水画，钱选告诉他有
戾家与行家之分①。启功先生说过，戾家指的是非专职画家②。那，专职
画家画什么呢？

北京故宫藏有传北宋王希孟政和三年（1113）画的《千里江山图》③。
这张画在艺术上并无特殊，墨滞，造成与青绿不属，纤毫并不入微，舟
屋人桥水树模式化。尤其通卷的树几乎是同种类，我们现在称为次生林，
人工栽种，非自然原有。之后蔡京编《宣和画谱》，没有此画记录。徽
宗赵佶的眼光是很毒的，今人不好谬夸，会漏自己的底的。

但这都不要紧，它的意义在：它画的是宋时江山对应着太一及星宿
与河汉也就是银河，表达宋家江山的合法性。我们可以很清楚地看到，
画的中央，现在偏左的位置，我怀疑这张图左侧被裁过，一组山的顶部，
几乎要抵到长卷的上部界限了，含义是非常明确的，正中对应天极（图
22）。与王希孟同时的李唐，宣和六年（1124）作《万壑松风图》（图
23），藏台北"故宫"，我上世纪 90 年代去看原作时，灯昏图暗，但上
部北斗七星与当头石太一的关系却是清清楚楚，状若石笋的七个山峰与

图 22 千里江山图（中心局部）　王希孟（传）　宋　北京故宫博物院藏

图 23 万壑松风图　李唐　宋　台北"故宫博物院"藏

图24 千里江山图（卷首局部）

从原大印刷品上看，模糊的大方印启首二字很像"缉熙"二字。如果是的话，那这个方印应该是南宋理宗的皇家图书馆缉熙殿收藏印。国家图书馆善本部江桂海先生撰有《南宋缉熙殿考》专文（《文献》2003年第2期）可以查考。如果猜的不错，那就是乾隆用收藏印压在南宋理宗收藏印上！

图25 缉熙殿宝 印文

南宋书画有"缉熙殿宝"印样。

图26 康寿殿宝 印文

也许是南宋高宗的康寿殿宝印文，诸位可自行比对，总之是南宋的皇家收藏印。

整幅的太行山石显然不是相同的地质产生，而是特意配置。我们知道，宋代国教是道教，概念是紫微系统，紫微星就是北极星。徐悲鸿先生收藏了《八十七神仙卷图》，纽约王己千先生藏有据传是宋真宗时武宗元的《朝元仙仗图》，"朝元"，即朝拜紫微星这个元。宋徽宗继位之后的大观年间，据《宋史》记载，连续三年黄河水清，徽宗自己认为是难得的祥瑞，此后的《祥龙石》《瑞鹤图》、张择端的《清明上河图》都应该与此有关，这个千里江山的长卷，应该也与此有关。甚至他成立画院，都可能与此有关。他在位是连续用政和、重和、宣和三个重复"和"字的年号，王朝历史里绝无仅有。所以我认为这个长卷和《朝元仙仗图》、《八十七神仙卷图》，都是专职画家，"行家"在壁画上墙前的素稿或完成稿，王希孟大概是个领班工头儿吧，否则一个人半年画不出来完成稿。这是宋徽宗和蔡京不会在《宣和画谱》收此卷的根本原因。它不是书画的画，它是所谓画工的"样"。加拿大多伦多皇家安大略博物馆藏的山西平阳府道观的两铺元代道教壁画《朝元图》，是完成件。央美的学生常去山西的永乐宫临摹元代道教壁画，也是《朝元图》。你们可以发现，《朝元仙仗图》、《八十七神仙卷图》都是半铺的右侧"样"，都缺全铺左侧的样，也都缺中央部分的紫微大帝，俗称的玉皇大帝部分的样。这应该是画工领班的谋生技巧吧：你偷到任何一部分的样，都揽不成全铺的活儿。

宋代山水画开始按照太一及星宿的关系，对应画出山水的分配图，这个山水图并不必写实，而是写天文概念，表达人间权力的合法性。这个原型，在此后不管是戾家还是行家的画里，或明或显。后世的中堂山水画，转称风水画了。中国历代专制权力顶层都是严禁私观天象妄议帝祚的，要杀头的。时代不同了，我在这里可以当常识讲了。

到明代的董其昌这种官吏兼善书画者，看来不懂了，谬以论南北分宗。我小时候宣武区的棚匠，还知道教壁画和道场水陆画的规则。乾隆这样的权力顶层人物，是明白皇家监制山水图的含义的，所以毫无顾忌直接把"三希堂精鉴玺"压在了一个大方印记上（图24），印记模糊不能辨，我怀疑是宋时印，以存世的历代书画来看，绝无仅有，出格的霸道。我们知道，清自称后金，而正是金灭了北宋。乾隆把印压在别人的印上，如果这个印是宋朝的印的话，那就非常明确：你宋家山水合法性算个屁，我镇压在你上面没商量。

汉代：气韵生动

隶书——横向传播的文字

讲汉代造型，不妨从写字讲起。

我们知道，秦统一后，"车同轨、书同文"，度、量、衡也立了统一标准。其实音律也统一了，曾侯乙墓出土的编钟上，详细记录了战国时期各国的律，可见秦统一之前，音律有差别。秦没有统一语音，所以方言保持至今，成为我们文化中的宝贵遗产。

书同文，《中庸》就引孔子讲过书同文，大概是讲西周到东周的春秋的书同文吧。到了战国，起码从楚简来看，书是不同的。如果还同，秦统一时就不会再提书同文了。所以，秦的书同文，是以秦的"文"来统一。说起来是根据大篆统一成小篆，现在还有秦相李斯写的小篆碑文存世，可是我们看秦简，也就是官吏的日常书写，例如湖南里耶秦简，却不是篆书，而是类似后来汉代的隶书。从秦开始，"以吏为师"，隶书，就是吏书。张光直先生指出，中国的文字，例如甲骨文，是与神交流的，所以是纵向的关系。神多聪明，不必语法周全，画个图神就明白地上的人在祷告什么。埃及的象形文字也是这样。当地中海东岸出现楔形文字后，拼音字母文字已经成熟，文字具有横向传播的功能，拼音文字是能够形成"语同音"的。当隶书开始后，中国文字无疑具有大规模横向传播的功能，这与秦的统一和吏治相符合。小篆应该仍在郑重场合中使用，但书同文的文，应该是隶书了。

隶书到了汉代，形成了由笔法决定的写，这个笔法的原则，不管后来字型如何变化，仍然沿用至今。以隶书笔法为分水岭，我们可以看出甲骨文、金文、大篆、小篆等等，是画字，到汉隶，才是写字了。

汉隶的笔法，又直到上个世纪汉简的出土，我们才从墨迹中直观到笔的运用。后来大量的汉简出土，让我们看到汉隶笔法的全貌（图1）。这个笔法的原则，是迅疾，同时，规定了迅疾中的节奏点。如同音乐，迅疾，是速度，再有节奏，就好唱旋律了。而节奏，就是韵，像诗歌一样，四言，五言，七言，长短句，节点落韵。

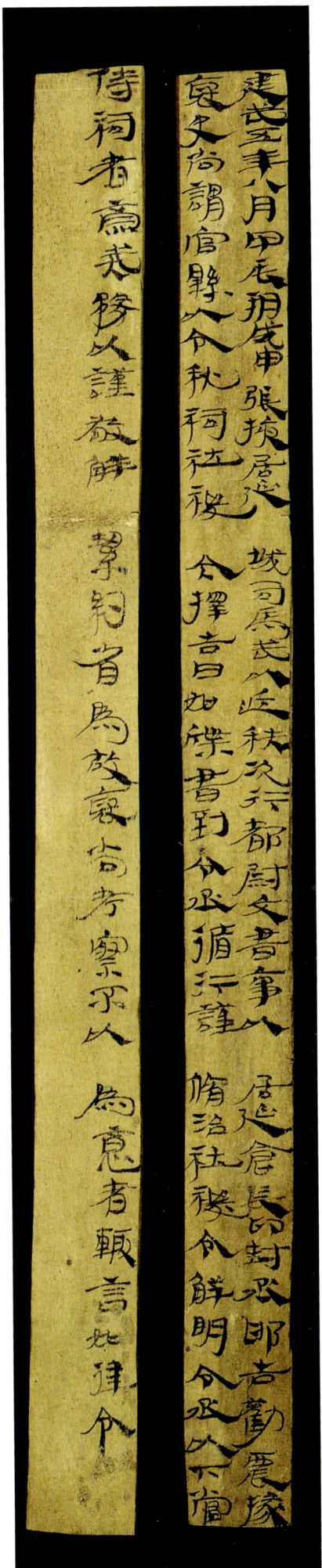

汉代底层官吏的书写，更为迅疾，也更与汉代绘画笔法相同。当时的竹木简，宽不过一厘米，写字近乎微雕，能如此挥洒，端的是气韵生动。

图1 内蒙古额济纳旗破城子居延甲渠候官遗址出土 东汉

图 2 章草 邓骘 汉

匡姓守候长转达党姓燧长的报告，用隶书再向上级报告。

上级用草书批示去看医生。

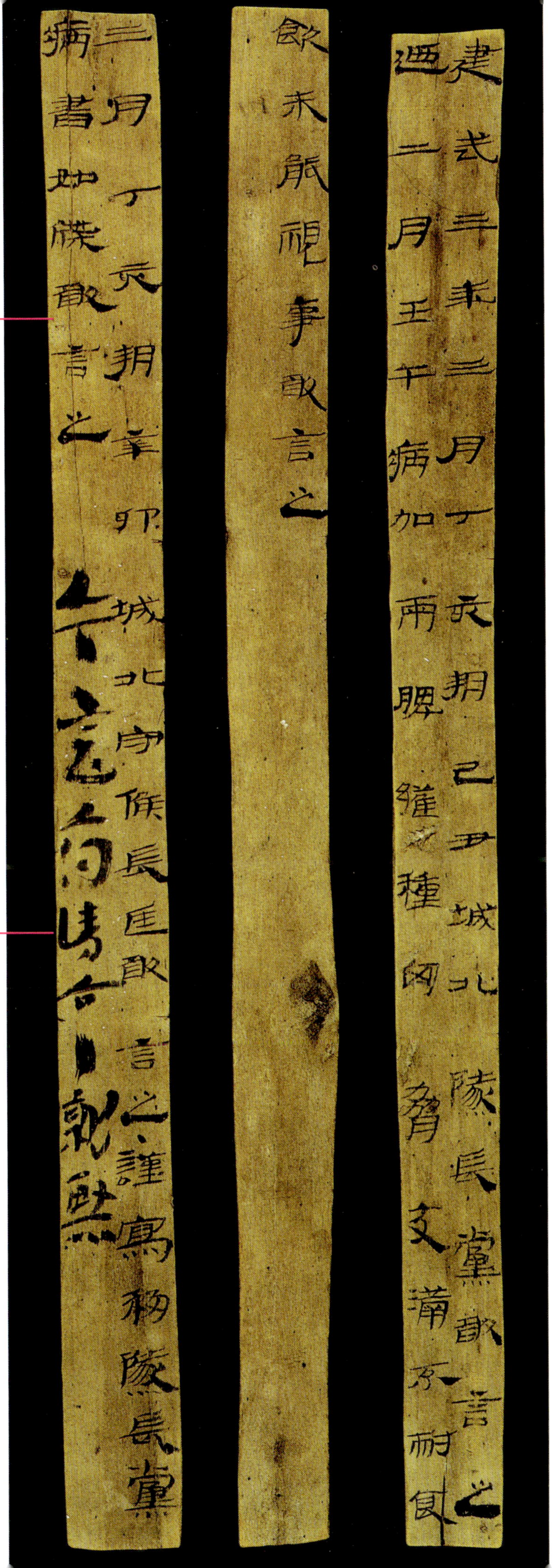

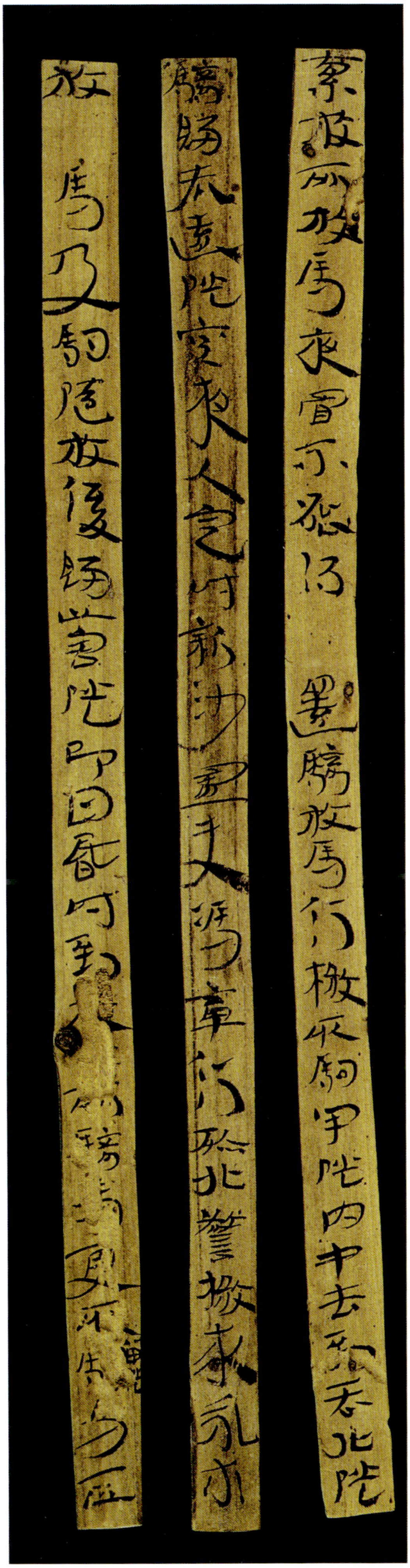

图3 内蒙古额济纳旗破城子居延甲渠候官遗址出土　东汉

在嫌书写不够迅疾的情况下，实际上从篆就开始有草写了。我个人觉得"草"这种更快速的写法，起码与史官有关系，《礼记·玉藻》说"动则左史书之，言则右史书之"，《汉书·艺文志》说"左史记言，右史记事"，两者说的互为相反，不管怎么说，记言记行不快不行。同时，也与权力层议事有关，大臣在朝堂上是执笏的。这个笏，就是笔记本，上朝前，记下准备说的话，上朝时，快速记录答言指示，辩论内容，下朝后，整理成文本，然后削刮去笔迹，以备再用。在大量汉简出土之前，我们只能从刻帖上看到隶书草写（图2），后来到东晋的时候，为了区别当时的"今草"，称汉代的为"章草"。汉简出来之后，我们发现下级向上级打报告用隶书，上级批示下级的报告用草写（图3），也许隶、草还表示等级？上级比下级忙？

从汉隶和章草的笔法运用，我们可以体会出所谓的气、韵，气是速度，韵是节奏。当我们放眼汉代的造型时，可以说满眼是气、韵、生、动。生是生长。一棵树，它为什么从这里生出芽，而不是那里？芽长成枝，为什么不在同样的长度开始分权？局部看，无所谓道理，从树完成的整体看，是为了整体的平衡。美院在造型上讲透视，讲比例，讲黄金分割，讲平衡，应该的，但是不讲生长关系，就怎么画都是呆的，滞的。

汉高祖刘邦得天下后，做《大风歌》唱到："大风起兮云飞扬……安得猛士兮守四方"，一个秦时的小亭长，得了天下，真是又开心又焦虑，但他的起兴，却是用"大风起"、"云飞扬"，气韵生动。

我以前在天极与先秦哲学那节课上解释过《老子》的"道生一，一生二，二生三，三生万物。万物负阴抱阳，冲气以为和"，意思是坤位于上，阴气下沉，乾位于下，阳气上升，两位的气冲合到一起，翻缠运动，万物生长，生猛鲜活。这是《老子》的宇宙观，世界观，生命观，三个字：气，生，动，若要造型出来，则需加上韵，节奏（图4、5、6）。刘邦之后，文、景之治，尊黄、老，休养生息，到汉武帝时气才足了。

因此，气韵生动，从国运到造型，是汉代的社会共识。

但这里有一个非常重要的造型问题，即：气，怎么造它的形呢？例如风，感觉得到，可风无形。若必须表达这个形，好像只能靠风能扰动的物的形来喻写。这就牵扯出，气是无象的，如何将无象的气具象出来。

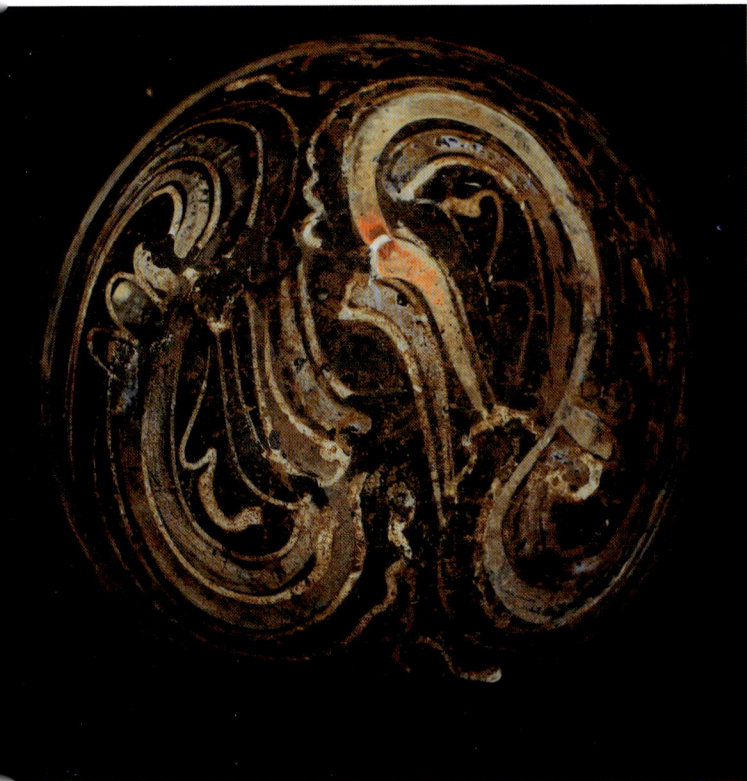

图 4 陶顶盖　汉　私人收藏

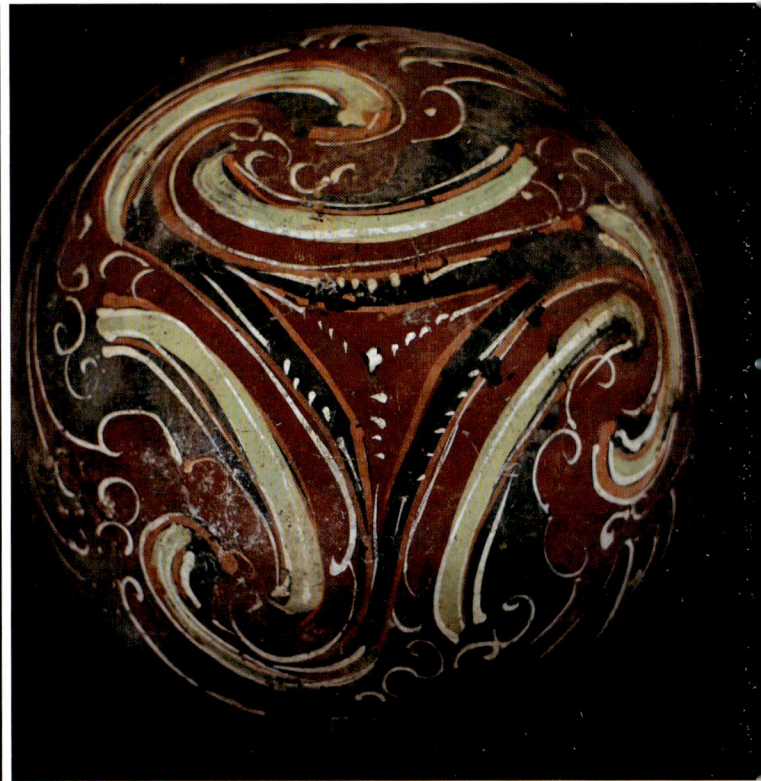

图 5 陶顶盖　汉　私人收藏

图 6 陶顶盖　汉　私人收藏

这是抽象的第一层，难题。

这就讲到中国的线。线，是先秦时代就成熟了的造型语言。用线来造气的形。

《论语·八佾》里记载了一段对话，子夏问曰："'巧笑倩兮，美目盼兮，素以为绚兮'，何谓也？"子曰："绘事後素。"曰："礼後乎？"子曰："起予者，商也！始可与言《诗》已矣。"这里的"後"要用前後的後，不能用皇后的后，否则就完全无解了。商，卜商，子夏的号。

"巧笑倩兮，美目盼兮"是《诗经·卫风·硕人》里的句子，但没有"素以为绚兮"这句，子夏大概引用的是春秋晚期的"版本"吧。这段对话中，孔子的回答"绘事後素"，从东汉郑玄到宋朝朱熹再到清朝凌廷堪，各有注解，但都说不到点子上，不过大致认为"素"是白颜料或是白底子。但是白底子和画出灵气有什么关系，隔行如隔山，有点儿扯啊。

咱们画画的人一定会猜这是在说绘画的程序吧？没错，孔子是在讲程序。但不是上述各家的解释，尤其是郑玄的解释，按说郑玄在时间上最接近先秦，好像这个方法失传了，才会注解它。其实没失传，到现在咱们还在用"绘事後素"这个程序。

问题是素是什么？素，就是画匠说的白稿子，画样儿，没有颜色，只勾线，素稿。齐白石先生常常在画前用炭先轻轻勾个稿，画完干后用指一弹，炭粉就没了。三画室的刘小东，索性留着稿的痕迹，算大师特色吧，四画室的王玉平，也是这样。所以"绘事後素"的意思很简单，勾完稿儿再画，画画儿得有稿子。"後"是後于的意思，"绘事後（于）素"，就明白无误了。孔子说过"吾少也贱，故多能鄙事"，孔子应该没做过画工，但没吃过猪肉也见过猪跑啊，应该是看过画工画画儿，所以子夏一问"何谓也"，孔子立刻就说，嗐，画的好是因为素稿勾得好嘛。这等于是说美人是因为脸架子好嘛。"巧笑倩兮"的"倩"，是说嘴角的型好；"美目盼兮"的"盼"，是说目光流动，张爱玲说的"睒发睒发"。现在还不是这样？手术美容，疟腮削成长腮，隆鼻，做笑窝儿，吊嘴角，修改脸架子。开眼睑，拉双眼皮儿，如果目光不会流动，就成了牛眼了，眼大无神。

但子夏不愧是孔子礼学的传人，立刻就意识到：礼後乎？那么礼是後来的事儿啦？子夏这个大跳槽之问，击醒了孔子，孔子说，哎呀你这一问启发了我，卜商先生。我们可以开始谈《诗》了！古人称对方的字或号，是尊敬对方。孔子这时称弟子的号，真是受到了启发而生尊敬。

孔子说过"《诗》三百，一言以蔽之，思无邪"，不说本能是无邪的，说思无邪。思是什么？思不是意识，意识是介于本能和思之间的状态。思是对意识的整理，表达什么，不表达什么，不被邪影响，据礼而思。三思而后行。不断的思，影响意识，产生所谓道德内化，处理本能，处理欲。发乎情，止于礼。本能产生意识，思再整理意识，最后表达为礼。所以明白了前后的关系，就能谈"思无邪"的《诗》了。从"绘事後素"转移到礼再转移到《诗》，是非常精彩的启发式对话。

因为子夏之问有点走题了，回来说线。素稿由线构成，划分区域，标明界限。那么线本身是什么？线是一种具象表达吗？不是，线是抽象的，它只是它自己。线，只有在组合之后，才能造成复杂的意义，例如文字符号。所以，如果用抽象的线，表达无象的气，可以说是二重抽象。

康定斯基，蒙德里安，都是西方上个世纪开山的抽象画家，自有一套理论系统。这个系统，在我看来，也是二重抽象，第二重的抽象，表达的是第一重无象的意识。如果意识与气算作无象的话，那么中国两千年前的就是三重抽象了：无形的气一重，无形的意识一重，有形却抽象的线一重。古代中国哲学家可以谈论前两重，画家却还要把握第三重。

再来看汉代书法中笔法的运用，就是让线有自身的意义。这个意义非比寻常，可以说是中国造型的一个源。

我们来看汉代的例子。

图 7 北齐校书图（局部）　杨子华（传）　美国波士顿艺术博物馆藏

书写姿势

　　书写姿势，也就是书写时身体乃至手臂处于什么姿势，似乎是个无聊问，但其实是个来源问。要知道五代到宋，才逐渐有了桌，于是才有了伏在案上写字这种姿势。之前，唐朝，乃至再之前，我们的祖先，是跪、坐在席子上的，席地而坐。具体来说，汉隶笔法建立到成熟的年代，人是跪、坐在席上，一手执简、牍，后来是纸，另一手执笔，双手无依托写字，笔法是由两个变量形成的。到了伏案写的时代，则纸的一方，成为定量，执笔的手，仍是变量。两个变量形成的笔法，在运用上失传，只得强调执笔的提按来补足。双手互为变量的古法，我们还可以从在碗上画图的工人那里看到，只是大家意识不到那是写字的双变量古法。

　　双变量的笔法，我们还可以在日本看到。直到现在，日本，例如写许愿牌的僧人，写许愿辞时，跪坐，双手如飞。在《北齐校书图》里，我们可以很清楚地看到执纸与执笔的书写姿势，在日本的古画中，我们可以看到相同的书写姿势。

　　唐孙过庭《书谱》里所论的笔法，是双变量的笔法。他提到的东晋王羲之的用笔，是双变量的笔法，之所以没有关于双变量的论述，是因为当时的人都是以这样的姿势写字，所以不必论。但我们伏案写的后代，要意识到笔法的这个断。意识到笔法的这个断，学写隶书、王羲之，才得骨法和骨法之变、之宜。

图 8 法然写经图卷　日本镰仓时代（13 世纪）

图 9 北野天神传奇绘卷（局部）　日本镰仓时代（13 世纪）

图 10 美人书信图　日本江户时代

图 11 浮世绘　喜多川哥麿　日本江户时代

图 12 黑地彩绘棺左侧面　湖南长沙马王堆一号汉墓　1972 年出土　湖南省博物馆提供

图 13 漆棺（局部）　顶光效果　何大为手机拍摄

　　漆为玄色，而不是黑，是多层涂漆造成的深棕红，近于黑，类似苗族麻布和岭南的香云纱的制作工序。玄色是天色，表明逝者上升目的地是天。远观图形气、韵、生、动具足，恣意而为，但是近观局部（图13），羽人、灵兽精致。气的旋流有立粉工艺勾边，可见制作的工匠并非恣意而为，而是超越意识，精心设计制作，进入"思"。进入思，素稿才能设计精彩，才能结果成素以为绚。对比波洛克的抽象表现主义，波洛克还处于意识层，精彩在偶然性；对比蒙德里安，此漆绘虽是思的结果，但整体观感却是意识感强烈。这组杰作沉埋两千年，偶然出土来教训我们，若能学到而时习之，不亦悦乎？

图 14 铜奁器身展开　私人收藏

图 15 铜奁盖　私人收藏

图16 铜奁器身展开（局部）

套的器身展开观看，等同观看壁画。同前面的漆棺一样，是非常难得见到的汉代壁画。

同样是气韵生动，这里是常见的兔子和鸟，还有汉代典型的、带孔洞的气旋纹，好像湍流中忽生忽灭的泡沫。这个令人目眩的器物，置于什么样的环境里呢？只能从汉画像刻石所呈现的场景了解大概。人物是端坐的，内心是流动的。

图17 铜奁器身展开（局部）

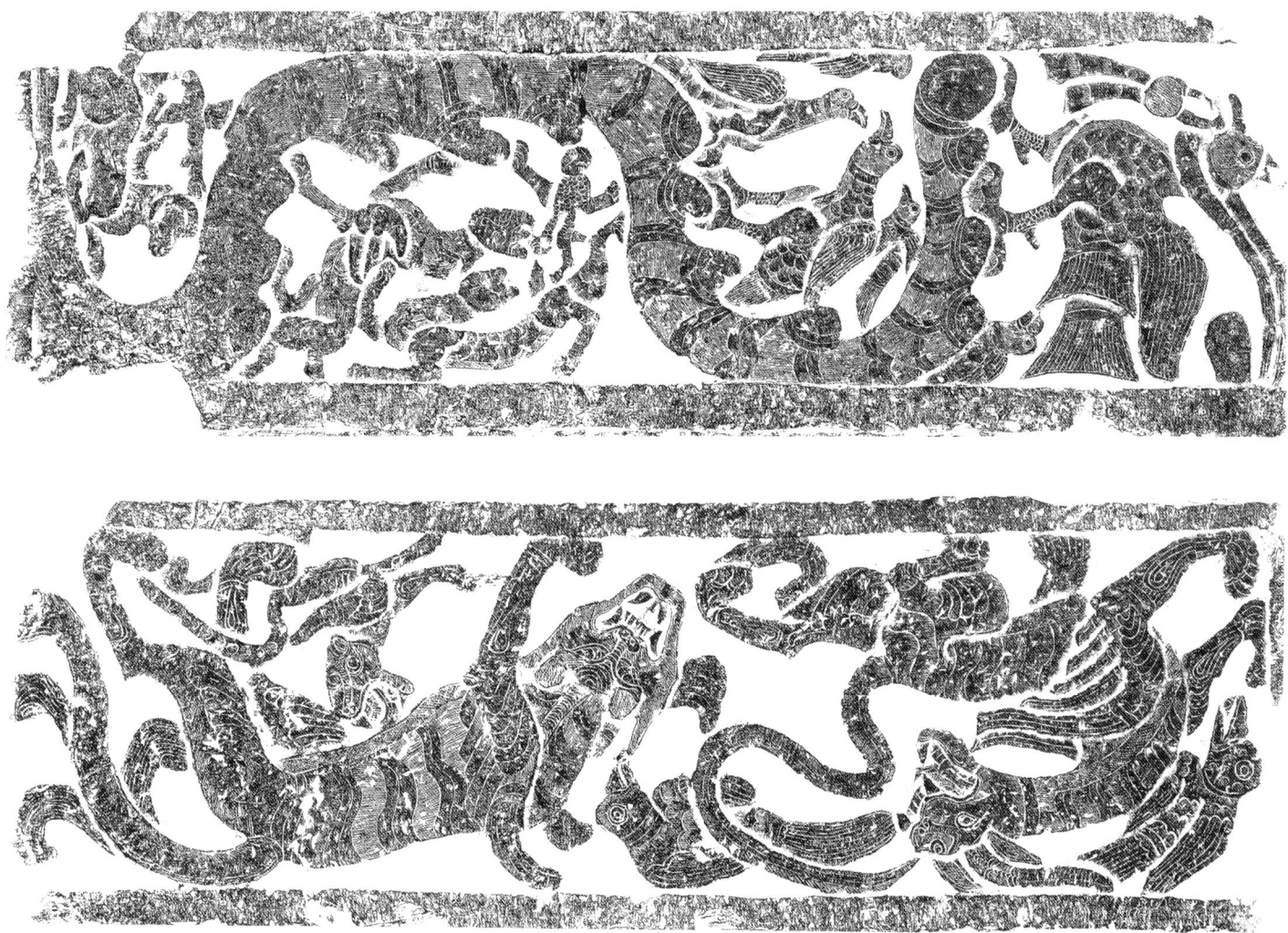

图 18 吴白庄汉墓画像石　山东省临沂市吴白庄出土　1972 年　东汉　临沂市博物馆藏

图 19 画像石刻拓片　河南省南阳市卧龙岗区麒麟岗东汉墓出土　1988 年　南阳汉画馆藏

图 20 二桃杀三士 山东武氏祠

图 21　酿酒　东汉
　　　四川省彭县出土

图 22　观伎　东汉
　　　成都扬子山出土

图 23　舂米　画像砖
　　　四川省彭县出土

图 24 陶罐彩绘（局部） 汉 纽约大都会博物馆藏

图 25 陶罐彩绘（局部） 汉 纽约大都会博物馆藏

图 26 熊 青铜镶嵌宝石 汉 Eskenazi Ltd.London UK 提

图 27 阳神　卜千秋夫妇墓壁画（局部）　洛阳邙山烧沟村出土　1976 年　洛阳古墓博物馆藏

图 28 上林苑斗兽图（局部）　汉墓室壁画　洛阳八里台　波士顿艺术馆藏

蔡伦纸——涂布工艺

在这里，多一个话题，就是东汉时，纸的出现。

你们当然熟知蔡伦造纸，中国四大发明之一。但是我们不妨整理一下，如果说蔡伦发明了在水中抄絮晾干为纸的话，好像不应该是发明，而是发现。沼泽或池塘里常有细水草或藻类，如果水干了，地面就会留有一层植物纤维造成的薄絮，这是我们经常看到的景象。如果在水槽里重复这一过程，就不应该是发明而是发现。宣纸的工艺就是这样的过程。

可是我告诉你们，蔡伦的发明，不在这个基础工艺。纸在最初的意思，是布，糸字偏旁，是说来源于纤维，氏则是形声读音。我在西南的时候，老百姓常常从沤麻的水池里抄出麻纤维晾干，用来做布用。一是包东西，比如茶；二是絮好的棉花胎，做被子，做棉衣，上面再铺上这种非常薄的麻片，与胎缝在一起，防止棉花脱散。当然也将这种纸用来糊窗户，挡风雨，而且雨打过后，麻纸并不毁坏，不像北方糊窗户的高丽纸，雨一打就糟损了。现在贵州还产这种麻纸，拿起来看，几乎是透明的。这种纸表面粗糙，是写不成字的。《诗经·陈风·东门之池》说"东门之池，可以沤麻。彼美淑姬，可与晤歌"，是说，陈国东门外的水池，可以沤麻；你美丽的姬姓女子，可以与你对歌啊。我在乡下的时候，做过沤麻的活儿，要找好清水源，这样沤出来的麻才白，水浑则麻黑。止水，不流动，沤麻会发出恶臭。沤麻是将麻秆的皮叶沤烂除净，剩下麻秆再不断地砸，成为白色的麻纤维，可以纺线织布，或拧成麻绳。所以"东门之池，可以沤麻"是说水清麻白，此兴此比，接下来赞的姬姓女子，自然是清纯质美。《诗经》里多处写到"葛"，葛的织品现在城市里见不到了。我小时候，姥姥在夏天的时候用"夏布"给自己做衣服，夏布常被误会为麻布，其实是葛布，用葛的纤维织的，色白质轻半透明。以前说"披麻戴孝"，是因为麻粗贱，而祭祀神和祖先，就要用葛布、葛履了，葛质地高贵，贵族才穿得起。为什么？因为葛伺候起来非常费工。葛藤长片叶子就要发个芽儿，长出分枝，一分枝，葛藤皮就不顺了。而且葛藤一旦接地，就会生根，一旦生根，葛藤皮纤维就更不顺了，所以要用木杈把葛藤支高。种葛的人每天要下葛田，掰小芽，这叫采葛，要耐心细致，活计繁重。《诗经·王风·采葛》说"彼采葛兮，一日不见，如三月兮"，葛芽要每天采，不能因为爱情就今天不采了，男子知道这个，所以无奈苦等。从毛公到朱熹，读书人解起诗来，一口一个后妃之德；也有错解为同性之恋，都不如采葛女，一听就知道在说什么。葛藤也要沤，葛皮的纤维，有四五米长，麻纤维也就一人高而已。麻纤维短，织起布来，常要捻接，所以疵多；葛纤维长，织到一匹也没有疵，价贵。

接着说蔡伦的发明在哪里呢？在于，在这种碎断纤维麻"纸"上，涂布上一层白粉料，成为我们现在说的纸。这就是发明了，自然界没有这种组合的产物。将碾得非常细的白色矿物粉，掺入适当的植物胶，例如白芨根茎泡的水，野生葛的粘汁，将这种浆粉涂布到抄出来的片状的麻纤维上，贴在火墙上烘干，揭下来就是滑亮的白纸了。蔡伦将这种纸，献给汉和帝刘肇，专家们将这一年（公元105年），定为纸的发明年份。

你们在前面看到的竹木简和壁画，我并没有提醒你们注意一件事，留着现在请你们再返回去观察，就是竹木简在用于书写之前，先刮上一层白粉底料（图29），壁画也是先刷了一层白粉底料再绘画。这样处理底子，是为了用笔的流畅和省墨。所以在蔡伦造纸之前，涂布技术已经非常成熟。蔡伦实际是将抄制麻纤维和涂布白粉这两个成熟的技术合成为一体，发明出涂布纸。这个发明，不需要写字绘画的人改变笔法技术，办什么学习班之类的，马上就可以使用新技术成果。这样的纸，实际上是轻薄可裁的小墙壁，当然会令人惊喜，风行天下。风行天下的另一个原因是，造纸的材料，各地都可轻易取得，没有这一点，是不可能风行天下的。不可以说，只有我这里的材料才能做出纸来，那是推行不开的。蔡伦之后，大概八十年吧，一个叫左伯的人，将抄纤维的技术和涂布的技术做到精而又精，完善之极，当时的人将这种精工纸称为"左伯纸"。到宋朝的时候，南唐小朝廷产一种"澄心堂"纸（图30），白薄韧滑，应该是更精制的左伯纸，绵料讲究，粉料里应该是掺少许蚌壳粉，产生辉光。我怀疑这是宣纸的前身，但"澄心堂"可能是"澄芯堂"，芯是绵软纤维，甚至可能是葛纤维，澄是用水不断澄出的细粉料。宋灭南唐后，这种纸称为贡纸。我1992年在台北"故宫"看过有宋人挥墨的用纸，

图29 木简隶书 西汉 网络图片

这是西汉短暂做过皇帝的海昏侯刘贺的墓中出土的奏文实物，2017年才公布，补在这里。汉隶，汉代的"书同文"。蝇头"楷"，楷即标准范式，楷模。齐整中有舞动。相比《张迁碑》、《乙瑛碑》等等名刻，这是可以明确观察笔法的"帖"。

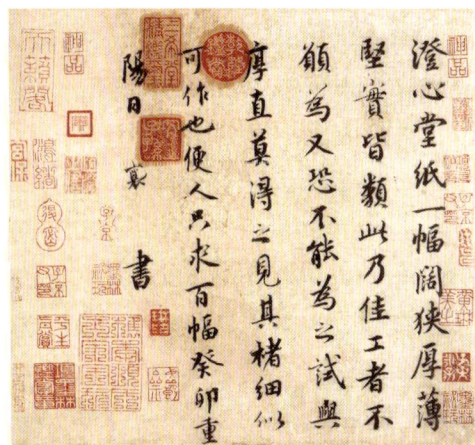

图30 澄心堂纸 南唐 台北"故宫博物院"藏

乾隆三颗印的印泥质量非常差，印油漫漶，糟蹋了这张珍贵的样品。

一千多年了，纸色有辉光，细看纸面遍布细密裂痕，是涂布粉造成的裂痕，但整纸如新，应该是澄心堂的工艺类型吧。所谓"纸寿千年"，说的是涂布的矿物质，矿物可亿万年不变，植物纤维是速朽的。在传统修画工艺中，有一种豆汁法，也就是在补残的新纸上小心地涂上稀豆汁，造成与古书画涂布纸的辉光接近的辉光，会让人分辨不出。

元代开始出现倪云林用的那种微糙的纸，可见造纸工艺开始下降，我猜是因为元代统治者屠杀定为最底层的"南人"，包括工匠所致，造成工艺失传，终于出现明清的会洇的生纸。生纸在工艺程序上，实际是一种半成品，止于抄造，不再涂布。不过这种墨水漫漶的纸，也造成了一种画法到如今，算它是几百年的传统吧。元朝以前的书画，没有洇开漫漶的，因为纸上有涂布的原因。用有涂布粉料的纸，水墨不会洇开，只会向下渗，所谓的"力透纸背"，是讲水墨不宜渗透到纸背的褒语。生纸是稍用点墨就洇透纸背了，只得在纸下垫块毡子，防备墨洇得不可收拾。

蔡伦的涂布纸工艺，到唐代因为战争传到中东阿拉伯地区，才会产生后来的波斯细密画。只有在不洇而平滑细密的纸上，才可以画到细致入微，生纸是不可能的。现在所谓熟纸，是加矾，仍然质粗，和涂布纸完全两回事了。涂布纸传到欧洲，我们观察文艺复兴画家的素描，就是画在这种工艺的纸上。涂布纸在欧洲的工业成品，就是我们说的铜版纸，能用来印刷精细画页。我年轻时候看印刷厂胶印彩页，因为要用水防止油墨挤开，水让涂料膨胀了，所以印完一个色版，就要晾纸，之后再印下一个色版才能对齐。后来的海德堡四色印刷机制成，几个色版一次过，才解决了铜版纸涂料遇水膨胀的问题。现代纸的量号以磅为单位，与涂料的重量是有关系的。

现在不是讲究"申遗"吗？那就应该用涂布纸去申遗，可惜现在没有涂布工艺的纸了，也算是一种断吧。

之所以要讲到纸，是因为汉代一直到唐、五代、宋，字都是写在涂布纸上的，笔法毕显（图31）。在生纸上写字，墨水漫漶，笔法洇没。两种纸，造成两种状态。

图 31 是墨在涂布纸上的状态。墨不洇开，笔画重叠处笔迹分明。这样的结果，使学习者能够清楚地观察到运行中的笔迹，便于观摩、学习、临写。这就是我说的"帖"的好处。

我们可以观察到纸上有折痕，像墙皮的裂痕。之所以有这样的现象，是因为涂布材料裂了，没有涂布的纸，是没有这种折痕的。

图 32 是我拍摄的涂布纸折痕处的显微结构。可以看到黑色的部分是墨渍，黄褐色是年代久远的沉积物，中间露出麻纤维，裹满白色的涂布石粉。当年的新纸，应该是这样的白色。

图 31 北魏抄经（局部）

图 32 涂布纸折痕　显微图像

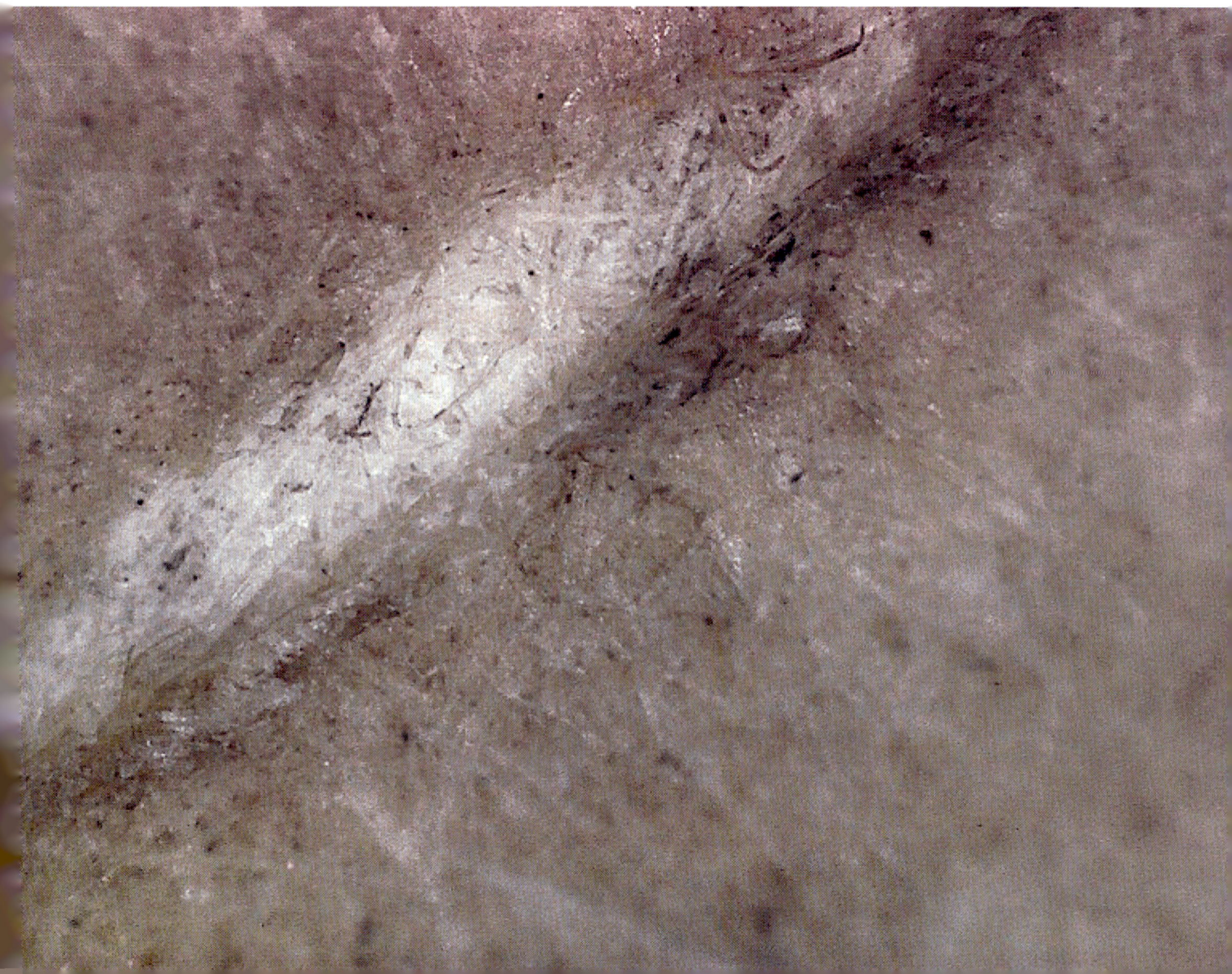

佛教西来

70 年代中，哪一年记不清了，总之"文革"还没有结束，我还在乡下，找了个机会游荡到陕西关中去。

关中一观，就是秦、汉、唐三代帝王陵墓多，可说是规格最高的乱坟岗。始皇陵不用说了，它是领头的，之后汉的长陵、安陵、霸陵、阳陵、茂陵、平陵、杜陵、渭陵、延陵、义陵、康陵，唐的献陵、昭陵、乾陵、定陵、桥陵、泰陵、建陵、元陵、崇陵、丰陵、景陵、光陵、庄陵、章陵、端陵、贞陵、简陵、靖陵，还有的就只有记载，但找不到遗址。不过现在不一样了，都成了旅游胜地，人山人海。

当时最引人注目的当然是秦始皇陵的兵马俑坑，不过后来听作家贾平凹说得好，有什么看的？那是给现在当官的看以前皇帝是什么排场。果然是各国政要都要去看看排场，允许往坑里跳是最高待遇。

我当时想去的是武则天的墓，也就是乾陵。乾陵是武则天与她丈夫，也就是唐高宗李治的合葬墓。

出西安，向西北，秋庄稼收得七七八八，日光懒散。伟大的无产阶级文化大革命这时败象显露，乾县县城里的标语纸枯字烂，只有惊叹号还硬挺着。

我走得肚饥口渴，就估量了个便宜的小铺子进去，立刻有条狗低眉顺眼又很兴奋地随在我后面。我学陕西人，只要了一碗热汤来泡随身带的馍，看看蹲在一边的狗，不料狗很懂事，将眼睛转到别处，恐怕互相尴尬。

旁边的一个人把他自己碗里的一块什么挑出来，扔到地下，狗立刻过去吃掉了，之后改蹲到他边上。那个人笑着对我说，谁给它吃它就跟谁，分明是个猫嘛，这位同志哪搭来？我说说不上哪里来。他说听口音怕是北京来。我说离开北京也有五六年了。他忽然放低声音问，听说江青那个婆姨要做武则天？我说你听哪个说？他说咦不是都在说？我说都在说咋我没听说？他就笑了，很潇洒地搌了一下鼻子，说，你要没听说，我也就没说了。我也笑了，说，怕是没有那么容易吧。他说你看你这个同志厉害，你咋知道不容易？我知道被他绕进去了，低头看着我碗里最后一口汤，说，历来想做天子的人，比狗多，狗咬狗就不说了，现在是看给不给她做吧。他说，这话对着哩，他用手指指上面，说，会给她做。我说这话怎么说？他说，当年老人家在陕北沟里转，江青一个婆姨，枪林弹雨，骑马相跟着，她咋知道老人家能得天下？她咋不会学这条狗，谁给它吃它就跟谁？这情义比得上汉朝的吕后相跟着刘邦吧？吕后咋知道刘邦能得天下？苦命的夫妻一世的恩，吕后还不是刘邦死后就能当家？我说吕后还是没有做成皇帝嘛。他说所以江青要做武则天嘛，武则天就做成了皇帝嘛。

民间就是有这种地老天荒的人情之理，发中央文件骗他，他信戏里的，在炕头上想的是另一套，理路咄咄。可是这个理路咄咄，最后还是吃了大亏。这个陕西人说的婆姨，本源是佛语，女信士称优婆夷，简称婆姨。

我也因此想到此行的目的，就问他去乾陵怎么个走法，还有多远。他一脸的惊奇，说，你一路来没看到？我说看到什么？他说嗨呀，站起来就向外走，铺子里的人立刻追上他说你不付钱就要走了？他说嗨呀，这位同志不知道奶头山，我去指给他看嘛，短不了你的钱嘛。

我随他到街上，他向西一指，说，那两个奶子就是了嘛，一路来你就没看到？我有点五雷轰顶，是啊，一路来，我就看着西边那条山脉像一个女子横卧着，下巴昂起，双峰坚挺，腹部柔软，心里说，这很像一个高潮中的女子啊（图1）。

一个帝王陵可以筑成这样吗？这是巧合吗？清东陵慈禧的墓我在北京去过，那是一个标准的男性帝王陵。我心里于是盘算了一下，如果那两个乳头是天生的山丘，就是巧合，如果是人工堆塑，好，应该就是设计。

答案是，人工堆塑。两个坚挺的乳头，是两座人工小山上的两个阁（图2、3）。

站在陵顶，也就是下巴上，向南望，秋气高爽，一条大道自陵顶下延伸向南远去，再南就是山脉了，像我们躺着看自己的腿脚。回身北望，亦是多条山脉散开，好像丰润的长发只梳理个大概。陵顶有阵风，好像鼻息，想起我在地里干活躺下休息，最烦蚂蚁在脸上爬，就离开这个下巴，向胸腹处走下去。

陵园很是荒芜，当年各国使臣的无头石雕像好像站久了生了根，不过算算也真是站了千年之久，现在有羊在他们之间吃草，唶来唶去。一个放羊的远远地看着我，我就抡抡胳膊，做舒畅状，这年头自杀的人不少，我恐怕放羊的怀疑我是来此静僻之地寻短见的。

见到墓碑，两个，西边的一个是高宗皇帝的，东边的一个是武则天

图 1 乾陵 从东往西望

图 2 乾陵 从西往东望

图 3 乾陵（历史照片） 东、西山包上存有残阙

的，就是常说的无字碑。无字碑上有刻划，也有一些字，但都是后添的。传说武则天死前嘱不刻字，功过由人去说，或者我的功过实在非文字可说，总之，没有碑题和碑文。这么做好像有道理，因为西边高宗皇帝的碑题和碑文就没见什么人记住了而且传诵。

不过望着关中原野，想这无字碑还是怪。无字的可能当然可以是武则天生前嘱，但也可能是亡后无人能写，无人愿写。正史于此事无载，野史亦不见记，任人议论千年。当时想，闲着也是闲着，找下此中因缘吧。

佛教的兴起

说来又是话长，得从汉孝武帝刘彻说起。

汉孝武帝的"孝"，是汉朝以孝标榜天下，"武"，是因为刘彻在位时，"武功"丰厚，他的后人追加给他的。这个追加，就是"谥"，读"是"。刘彻自己则是膂力过人，生擒猛兽。

我们后人最常说的就是刘彻的"武功"，其中最著名的，就是北驱匈奴。

匈奴一直是中原大患，患到周代的北方诸侯国在山上修城墙持久防御。到了秦始皇，匈奴真正强大起来，始皇帝派蒙恬发兵三十万，只能将匈奴驱逐到现在的宁夏河套以北。秦始皇的最大工程，一是到秦朝灭亡时还没有建完的阿房宫，另一个就是将统一之前的各国防匈奴的城墙连结起来，成为后来著名的长城。这两个工程成了秦朝的亡国工程，陈胜、吴广两个戍卒领班带头暴动，继之项羽、刘邦相争天下。

之后刘邦得天下于公元前202年建立汉王朝，而匈奴的单于冒顿，"冒顿"读"墨独"的音，因为楚汉相争，边防撤离，就又带领部族强盛起来，势力范围东起现在的辽宁，西到现在的塔里木盆地，南至现在的山西，幅员真是广大。公元前200年，匈奴还将刘邦围在相当于现在的山西大同七天，差点改写了汉朝的历史。

冒顿在刘邦死后第三年的时候写信给刘邦的寡妇吕后，说你为什么不来跟我睡睡觉取个乐子呢。吕后当时总览汉朝大权，被如此调戏辱慢，想想还是得罪不起，只好送女人去和亲。公元前158年，已经是老冒顿的孙子军臣做单于，汉朝已是文帝执政，匈奴打到长安，马队在长安甘泉宫门前跑过来跑过去。景帝时也好不到哪里去，汉家的公主们，送去和亲几乎成了她们的专业，我们后代常常要骄傲一下的汉唐气象，此时的汉，实在被匈奴搞得毫无气象可言。

从汉高祖刘邦乃至以后，近七十年，汉朝对匈奴毫无办法，耻辱无尽头。公元前140年，刘彻十六岁登基执政，即汉武帝，事情开始有了转机。文景之治，崇尚黄老，与民生息，汉朝的底子逐渐厚起来，景帝时又解除了诸侯王们的权力，只让他们好吃好喝过日子。武帝执政后，《史记》说国家金库的钱多到串绳烂掉，铜钱不好数；国家粮库的粮食多到溢出，腐败到不能吃；马匹多到漫山遍野，连百姓居住的巷子里都走着马。如此富足，执政到七年头上的武帝于是特别召集公卿大臣，只有一个话题，就是我要打匈奴，你们看呢？

但是，这与武则天有什么关系？事情常常是这样，眼光拉大拉远，一些缘因才会显现。

大月氏人

公元前177年，这一年汉文帝刚执政了三年，十多年前写信调戏辱慢吕后的匈奴王冒顿，在这一年打了一场决定性的仗，对手不是汉朝，而是"月氏"，"月"读"肉"的音，"氏"读"支"的音。月氏最初在祁连一带游牧，后来向西扩张，渐渐达到阿尔泰山和天山东坡，新疆到现在还有姓"肉孜"的，应该是"月氏"的遗传吧。公元前3世纪后期，月氏强盛到让匈奴臣服，当时还是"太子"的冒顿被抵押在月氏做人质，想来是窝了一肚子的火。公元前209年，政变中冒顿杀了父亲头曼，做了匈奴的单于，匈奴开始强盛，所以公元前177年的这一战，等同复仇。

匈奴赢了。月氏损失惨重，不得不向西退却，夺取同在祁连一带的乌孙部族的土地，杀了乌孙王难兜靡，混乱中难兜靡的幼儿昆莫被弃于野地，《史记》说鸟儿叼了肉飞在昆莫的头上，狼也来喂他奶。景象很动人，也神异，不过我想鸟儿叼的是战死者的肉吗？狼是吃多了人肉而乳房胀吗？

事情还没有完。冒顿的儿子老上做了单于后，又杀了月氏王，拿他的头盖骨鎏了金做喝酒的碗。公元前160年，月氏部族多数人退到相当于现在的伊犁河流域与巴尔喀什湖南岸，一小部分人留在祁连一带。中国史书称西去的为"大月氏"，留在祁连的为"小月氏"。

不久，恢复部族的乌孙攻击月氏。这一次，月氏跑到了妫水北岸，"妫"读"归"的音。妫水就是古代称为的Oxus，现在称为Amou Daria，译为阿姆河。

《史记》和《汉书》记载是"妫水"，到了《北史》是"乌许水"，

《隋书》《旧唐书》《新唐书》记为"乌浒水"，总之都是Oxus的记音。下面的故事会显现为什么从汉到唐都特别记载这条河。

妫水源出中亚的兴都库什山北坡，向西北流经现在的土库曼斯坦和乌兹别克斯坦，注入咸海。

公元前139年，刘彻执政的第二年，十七岁的刘彻决定让张骞从长安向西寻找大月氏。既然大月氏被匈奴击败丧失家园，嗯，家园用的不合适，因为大月氏是游牧民族，想来族仇应该还记得，如果联系他们合击匈奴，恐怕没有不允的道理吧？

所以可以说，刘彻执政后的第一件大事，就是谋划解决匈奴的问题。在匈奴这件事上，刘彻非常敏感，也就会很火大。写《史记》的司马迁，就是在李陵降匈奴这件事上为李陵说了点话，结果戳到汉武帝的敏感处，火起来，割了司马迁的睾丸，腐刑是仅次于死刑的刑罚，好歹算给留一条命。刘彻的后人谥刘彻为"武帝"，看来是充分认识到刘彻的心头大事，两千年后的我们，不太能感受到当时的气氛，好像现在邻家吵翻天，在我们听来觉得真是何必呢。

张骞，这个中国有文字记载以来的首位伟大旅行者，公元前139年辞别长安向西行进，以后，凡是向西行进的人，例如唐朝的玄奘，都能成为伟大的旅行家。不过，张骞经过匈奴的势力范围的时候，被匈奴拘留了十年，又终于找到机会逃掉，再向西找到大月氏。

此时的大月氏不是彼时的大月氏了，对恢复"故土"毫无兴趣。张骞没有办法，呆了一年多搜集情报，之后决定返回长安。不幸，回家的路上，又被匈奴拘留了一年多，这次是趁军臣单于死亡的混乱时机逃出，公元前126年回到长安，将节交还，不辱使节。他的这次出使，历史上称为"凿空"。我小时候，听老人唱"苏武，留胡节不辱"，街上的孩子则唱"苏武老头儿卖豆腐"。后来在乡下呆到十年头上，突然一天想到苏武和张骞，才惊觉十年不易。

大概是等不到张骞的消息，送走张骞的第十个年头，公元前129年，汉武帝开始真正对匈奴发动攻势，我们读《史记》或《汉书》的这一部分，满耳都是马蹄声，大规模集结，多处关口同时出发，奔驰，冲，突，溃败，人尸马尸遍野，汉朝军人仔细地割取死亡的匈奴人首级，清点，汇总，上报朝廷，"国之大事，在祀与戎"，真是这样，这其中，卫青、霍去病是汉武帝最倚重的军事将领。

先是刘彻在他姐姐平阳公主家看上了歌女卫子夫，将其带入宫中。卫子夫有个弟弟卫青，出身又复杂又低贱，但是被汉武帝启用后，将匈奴驱逐到黄河河套的阴山以北，解除了匈奴对首都长安的长期威胁，卫青被封为长平侯。

卫子夫的外甥霍去病，十八岁即被汉武帝拜为将军，将匈奴逐出祁连山，使汉朝不但解了匈奴之患，而且据有西域的通路。霍去病被封为冠军侯，不幸在二十四岁上病死，令汉武帝极为伤痛，特别将霍去病的墓模拟成祁连山。我前后去过霍去病墓三次，去看那些不可思议的石雕，其中的"马踏匈奴"，虽然可表记霍去病的功绩，但我认为不是怎样好，其他的则真是好。我想霍去病墓的石雕，一定要过汉武帝的眼吧？如此简洁朴素的造型，汉武帝能点头通过，真好眼力，而当今中国哪里寻得到此等眼力的权力者？

总之，汉武帝的决心实现，而且在黄河以西移民建立酒泉、武威、张掖、敦煌四郡，终于使汉朝与西域，也就是现在的新疆地区造成联系。不过，我们的故事不是汉武帝。我们现在要将兴趣转到兴都库什山那边。

大月氏为什么让张骞失望而归，而不与汉朝联合夹击匈奴收复故土呢？毕竟，那里还留有一小部分自己部族的骨肉啊。

事实是，大月氏人退到相当于现在的伊犁河流域与巴尔喀什湖南岸时，他们驱逐了当地的塞人部族，被乌孙人攻击后，向西南退却的同时，击败阿姆河，也就是中国古代称为妫水的大夏人，占据了北岸，让只剩下南岸的大夏人称臣。《史记》记载张骞当年回到汉朝向汉武帝报告说，大夏人向大月氏人臣服，大夏人的首都在妫水南岸的蓝氏城。

这时的大月氏人开始自游牧向定居转变，他们开始做贸易，张骞的报告中就说到他在大月氏人那里见到来自蜀地的筇竹杖，因此认为从汉地到大月氏还有一条南方的通路。大月氏人是不会为倒退到逐水草而居的昔日境况而拼命的了，他们会做的，是为了定居的资源而战，就像远在东方的汉朝。

确实是这样。到东汉班固的《汉书》时，记载大月氏人已经"治监氏城"，监氏城就是蓝氏城。大月氏人在公元前100年之后不久即占领了蓝氏城和整个大夏。

张骞和汉武帝是农业文明的人，他们当然明白大月氏人将要做的，所以汉武帝不会再议与大月氏人军事联合，而是开始与大月氏人贸易，正式开启了德国地质学家李希霍芬在1877年出版的《中国》第一卷中，首次提出的"丝绸之路"die Seidenstrasse。

我现在大概地说一说大月氏人统治的地方，好让我们现代人的自然地理和政治地理概念能够套上两千年前的地理（见图4）。

首先，我们找到帕米尔高原。帕米尔高原像一个巨大的树桩，由此向西北延伸的天山山脉，向东延伸的昆仑山脉和向东南延伸的喜玛拉雅山脉，都像是巨大的隆起的树根。

以这个大树桩为界，东面的河川都流向东方，西面的河流都流向西方。流向东方的河川，最著名的是黄河与长江，但这两条河根本没有资格源于大树桩，而是昆仑山这条大树根向东延伸很远之后的余脉巴颜喀拉山脉，巴颜喀拉山的主峰，只有可怜的五千多米吧。

假如我们站在帕米尔这个大树桩上向东看，先看你的脚下，是一个大盆，叫塔里木盆地，可惜没有水，只有沙，塔克拉玛干沙漠，没有人有能力死在它的腹地，走不到那儿就死了，死亡之海，沙海，不可穿越。

远过这个干烫的大盆，是一片矮下去的巨大草场，称为青海，它的降雨量使它不适于耕种，全年无霜期也是个问题，但是适于放牧。长江与黄河都发源于这里。

再下一个台阶，是黄土高原，人烟开始稠密。

最后，是这一路下去的千百条河流在无尽的岁月中冲积而成的平原，村庄市镇密布，农业商业发达，战争频繁，问题成堆，人心叵测。之后，就是海，黄海，东海。

转过身来，看看大树桩的西面。情况差不多，我假定你一定可以直接看到大西洋，之后是两块大陆之间的一个大湖，地中海。湖中露出一条山脉，几乎将湖分为两半，那是意大利。东边的湖面上，有一些岛屿，那是希腊。湖的南面，是一片巨大的沙漠，称为撒哈拉；湖的北面，有一些山脉，其中最高的勃朗峰才四千八百零七米。

湖的东面，是一块巨大的三角地，阿拉伯半岛。记住你看的时候是公元前100年，那块三角地上东北部最灿烂的两河文明早已消失，湖的西南一百

吐鲁番
（高昌）

龟兹故城

敦煌

塔克拉玛干

阿姆河（妫水）

巴尔赫
（蓝氏城）

于阗县

巴米扬　喀布尔

白沙瓦　塔克西拉

印

拉合尔

度

河

恒　河

阿旃陀石窟

图 4　北亚地形图

这张图是为大家便于了解课程当中涉及的地形地点。

黄　河

长　　　江

张掖

武威

大同

五台山

临漳

青州

乾陵　西安

洛阳

建康
（南京）

年后一个叫耶稣的人出生，再之后六百年还有一个叫穆罕默德的人出生。

再向东来，跃过一条很细的海湾，波斯湾，就是高原了，称为伊朗高原，而近到你的脚下，是阿富汗。

大树桩的北面，可以扫一眼，寒冷，一直到冰雪覆盖的极地。南面，从你的脚下一条称为兴都库什山的树根延伸过去，印度河在其中流淌，而恒河则向东流去，注入印度洋。沿着恒河，人口密集，释迦牟尼已经去世。恒河南面，是和西面连在一起的高原，这个被称为德干的高原几乎一直延伸到南面的印度洋。

此时如果你站累了，不妨坐下，看看脚下。你会发现，西边络绎不绝地来了许多人，东边也络绎不绝地来了不少人，他们都在你的脚下停止，之后，西边来的人取走东边来的人放下的东西，向西回返；同样的，东边来的人取走西边来的人放下的东西，向东回返。他们留下的同样的东西是一些金光闪闪的小圆片。

这就是贸易，但是金币留在同一个地方，这个地方就是公元前100年时的蓝氏城。我前面说了，大月氏人在公元前100年之后不久即占领了蓝氏城。

如果同时代的亚力山大和汉武帝相互射出一箭，这两只箭都会因为力量耗完而掉落在帕米尔这个世界屋顶上，你到屋顶上，看到两只箭头对指的地方，就是蓝氏城，这个地方，即现在阿富汗的巴尔赫。

贵霜王朝（The Kushans）

大月氏人所征服的大夏，在阿姆河和锡尔河之间的泽拉夫珊河流域，也就是现在的乌兹别克斯坦、塔吉克斯坦和吉尔吉斯斯坦这一带。西方文献称这个地区为Sogdiana，粟特人聚集之地，是说印欧语系印度－伊朗语族东伊朗语的古老族群。不过在中国的史书里，粟特人被称为昭武九姓、九姓胡或简称为"胡"。《史记·大宛列传》说他们"兵弱畏战"，所以大月氏人攻来，就臣服了；大夏人"善贾市"，会做买卖，精贸易，大月氏人就是为这个来的。大月氏人据有了大夏之后，分五个部分统治，休密、双靡、贵霜、肸顿、都密，称为五翕侯，"翕"读"西"的音。《后汉书》的《西域传》就说得更清楚了，一百年后，"贵霜翕侯丘就却攻灭四翕侯，自立为王，国号贵霜"，而且之后"侵安息（即古波斯，帕提亚 Parthia），取高附（即现在阿富汗的首都喀布尔 Kabul）地，又灭濮达、罽宾，悉有其国"。

"罽"读"计"，罽宾，即我们现在称的"克什米尔"（Kasmira），一般中国人喜欢开司米细羊毛线，"开司米"即克什米尔。唐代对克什米尔的译音是"个失密"或者"迦湿弥罗"，就非常接近我们的读音了。《汉书·西域传》记载了"罽宾乌弋山离道"，就是从汉代皮山国（现在新疆皮山）向西南通往罽宾和乌弋山离（现在阿富汗西部一带）的通路。贵霜占领罽宾，我们可以很清楚地看出是要据有当时最重要最直接的国际贸易通道和市场。

《后汉书·西域传》接着记述"丘就却年八十余死"，他的儿子阎膏珍（Vima Kadphises）为王，"复灭天竺"，派置一个将领监管，"月氏自此之后，最为富盛，诸国称之，皆曰贵霜王"，汉朝还是照老称呼，"言大月氏云"。这好像小时候的穷邻居后来发达了，还是以小名称呼他，透着关系不一般。

至此，我终于将世界史上著名的"贵霜王朝"和建立贵霜王朝的"丘就却"引述出来。于是，你们也就明白，我讲汉武帝，是为了引出匈奴，讲匈奴，是为了引出大月氏，讲大月氏，是为了引出贵霜王朝和丘就却。如果此番苦心让你们明白历史的细故与曲折，则现在你们可以忘掉汉武帝，忘掉匈奴，忘掉大月氏此前的历史，专心看看接下来丘就却的一件惊天动地的大事。此事影响世界颇巨，影响中国更是甚巨，和武则天能做女皇简直就是因果。

丘就却（Kujula Kadphises，65—78 在位）是出生在帕米尔这个大树桩的新一代大月氏人，他是定居者的后代，自幼就看惯了不同人种带了不同的货品川流不息，不同的语言，不同的故事与新闻，眼观六路，耳听八方。当时的世界，再没有第二个这样的国际舞台能使人的眼光包括了从西方的地中海到东方的太平洋岸，而且东罗马帝国代表了当时西方的最高文明，而汉王朝则代表了东方的最高文明，天哪，天时地利人和，他无一不占，令我们嫉妒，而且，要知道，所有的人都是带着金币来的，急着吞掉所有的货，急着返回，急着再来。这里等于世界上最大的海关。

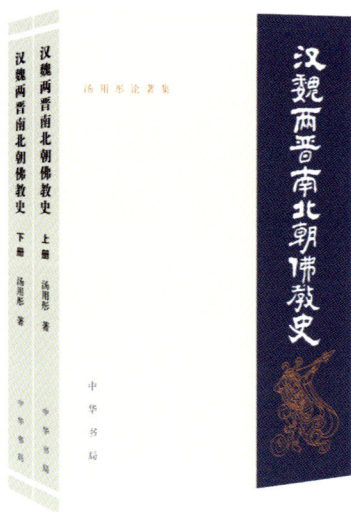

图 5

图 6

图 7

1979 年，注意是公元后，讲了那么久公元前，我觉得有必要提醒一下，那时我还在云南山里，前苏联的中文广播里说一个前苏联与阿富汗的联合考古队，在阿富汗北部的席巴尔甘东北五公里处，从六座古墓中取出两万多件黄金艺术品，没错，是两万多件，而且墓中还随葬了大批的古罗马、古波斯、古印度和中国西汉时期的艺术品。这些东西不是窖藏，而是随葬。

你们应该有预感，这非常可能是贵霜时期的墓葬。猜对了。

从墓中的古罗马金币、古波斯银币和西汉昭明镜判断，墓葬是公元前 1 世纪到公元 1 世纪，这正是大月氏人开始建立贵霜王朝的初期。此前 19 世纪末，在阿姆河发现过一百七十多件同时期的金银艺术品，当时人们已经眼花缭乱，1979 年的发现，震惊世界。

公元 1 世纪的一位古罗马作家普林尼（Pliny）在他的《自然史》中说："帝国每年至少有一亿枚塞斯塔金币（差不多是十万盎司黄金）被印度、中国和阿拉伯弄走了。"可是，中国历来的考古发掘和传统收藏，几乎没有发现过公元 1 世纪的古罗马金币，《汉书·西域传》记述："自大宛以西至安息国……得汉黄白金，辄以为器，不用为币。"也就是说，当时的黄金，都留在了贵霜，不再向西或者向东流动。

在我的想象中，贵霜王丘就却·卡迪费塞斯对我们的惊愕只是摸了一下鼻子，说，是啊，我们有钱，可我们不太喜欢它们是钱的样子，所以就熔化了来做些好看的东西，怎么，不喜欢吗？

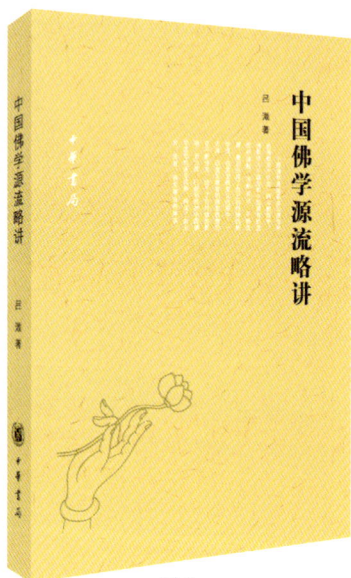

贵霜王朝与大乘佛教

上个世纪，1913 年，印度考古局局长马绍尔（Sir John Hubert Marshall）在现在的巴基斯坦北部的塔克西拉（Taxila，唐玄奘在《大唐西域记》里译为"呾叉始罗"），陆续发掘出大量的贵霜王朝时期的佛教遗址和佛教石雕像，从此对佛教的认识大为改观（图 11）。马绍尔在塔克西拉挖掘了二十一年，他在 1958 年去世，而他最重要的著作《犍陀罗佛教艺术》（The Buddhist Art of Gandhara）要到 1960 年才由伦敦大学出版社出版（图 8）。

当然此前有过两本也很著名的书，一本是德国东方学者阿尔伯特·格

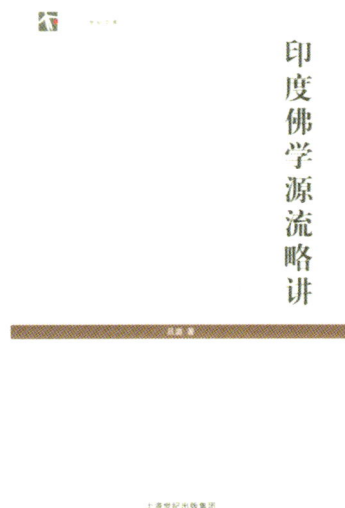

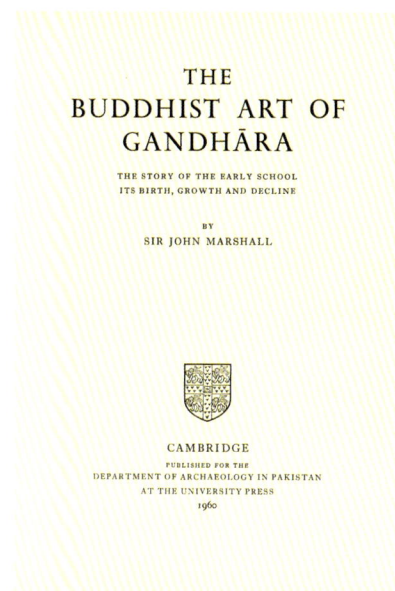

图 8　J. 马绍尔爵士著《犍陀罗佛教艺术》
1960 年第一版

伦威德尔（Albert Grünwedel）的《印度佛教美术》（*Buddhistische Kunst in Indien*，1893），一套是法国东方学者阿尔弗莱德·福色尔（Alfred C. A. Foucher）的《犍陀罗希腊式佛教美术》三卷本（*L'Art gréco-bouddhique du Gandhara*，3 vols，1905—1923），连同马绍尔的《犍陀罗佛教艺术》，这三本书算是研究犍陀罗艺术的权威著作。不过相比较下，前两本根据的是马绍尔大规模发掘之前的零星材料，我个人认为马绍尔的《犍陀罗佛教艺术》最全面，你们有兴趣读它就好了。对我们的造型课来说，我其实更推荐的是马绍尔的巨著，题目很长：*Taxila:An Illustrated Account of Archaeological Excavations Carried out at Taxila under the Orders of the Government of India between the Years* 1913 *and* 1934，意思是 1913 年到 1934 年在塔克西拉的发掘报告。最直接的是第三卷，全是当年的原始图片。

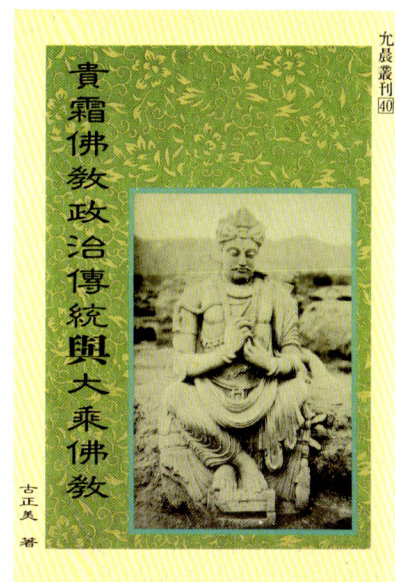

图 9　1993 年第一版

这之后，研究犍陀罗佛教史和艺术的专著、文章不胜枚举。说到这里，我要向你们介绍一本在我看来非常重要的书，《贵霜佛教政治传统与大乘佛教》，作者是古正美。

上世纪 90 年代初有一次我在台北，一天，当时在做时报出版公司总编的朋友吴继文先生说，有本书，《贵霜佛教政治传统与大乘佛教》（图 9），你要赶快去买。吴继文先生知道我一向对佛教史有兴趣，他推荐的书，当然要买。我当即到路上打了辆出租车，赶到中华街，找了没两家书店就买到了，很厚的一本，允晨出版社 1993 年初版。十年之后，2003 年，台湾城邦文化的商周，出版了古正美的《从天王传统到佛王传统》（图 10）。

历来关于佛教史和佛学的论著，可谓汗牛充栋，我最熟悉的当然是汤用彤先生的《汉魏两晋南北朝佛教史》（图 5），从小就在父亲的书柜里，1955 年中华书局版。佛学史则要数吕澂的《印度佛学源流略讲》（图 7）和《中国佛学源流略讲》（图 6）。

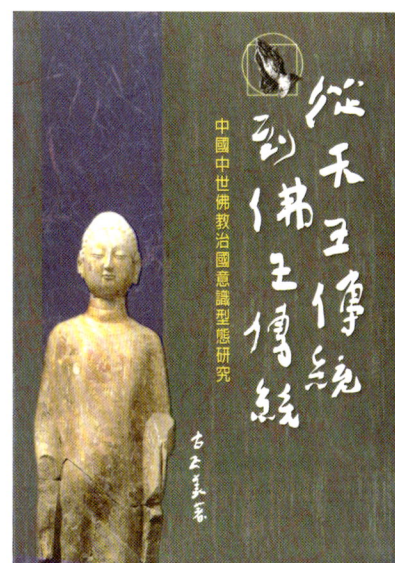

图 10　2003 年第一版　商周出版

而古正美的这两本书，重在佛教史，特殊在梳理出贵霜王朝建立大乘佛教的政治行为的意识形态内核，简单讲就是权力与佛教的政教合一，再简单讲就是国王也就是转轮王，以佛教治国。中国历来的学者没有这么讲的，这有长久的儒家的道统在其中，例如二十四史对佛教与帝王的关系一直语焉不详。又例如我在后面要讲到的北魏的崔浩，一是顽强地要纳鲜卑入儒家的教化文脉系统，二是坚决阻止鲜卑拓跋氏王族采用佛教，

图 11 犍陀罗佛教文物出土现场

甚至不惜引入道教来阻止。

我个人认为，古正美的论述，对我们研究佛教造型，帮助是最大的。我们从许多经典的佛教史里，很难找到遍处中国的佛教造像的原源，而在古正美的著述里，可以找到清晰的依据。

按一般传说，释迦牟尼出生在公元前 500 年，后来离家悟道，之后在恒河流域传道，是为口传时期。他去世后有阿育王举国信仰佛教，期间有结集活动，将口传内容落实为文字，成为佛经。

在我看来，所谓释迦牟尼的悟道，其实是典型的雅斯贝尔斯强调的轴心期的觉醒行为。传说的释迦牟尼悟道的过程中，没有借助婆罗门教的神，也没有借助印度教的神，面对巫的世界，靠自己而觉醒。释迦牟尼不是神，而是人，觉醒者，会死，也就是佛教称之的涅槃。释迦牟尼的觉醒，目标是人获得自由。这个自由，后来佛教表达为不再回到这个世界，不再回到这个不净土。而我在以前的课上，向你们介绍了孔子的觉醒的终极是达到自由状态，起码是内心的自由状态，但仍在这片现实世界的不净土上。孔子认为在我们存在的世界中可以达到自由状态，释迦牟尼之后的佛教认为要转生到净土中才获得自由，所以在不净土中取得自由这一点上，两位觉醒者相同。

但是，自称继承孔子的儒生们，在佛教传入的时候，为什么大多数拒绝另一个觉醒者释迦牟尼呢？这正是古正美所深刻揭示出来的，贵霜王朝建立的佛教政治信仰，实质上是一个政教合一的信仰。

大致说来，这个政教合一，是转轮王是佛的肉身，佛是转轮王的法身。还有就是佛、王一体，佛直接以转轮王的面目施行统治。

一个宗教的信仰，是不可以代替法律的。孔子并没有立教，虽然后代帝王努力将孔子异化成教主，但孔子的性质始终是圣，而不是神，这是一个极其重要的本质。后面会讲到的北魏的崔浩，是明白这一点的，拓跋氏想用佛教使政教合一，崔浩宁可推出道教抵抗佛教，也不把儒的教化系统改造成神的系统。所以古正美的《贵霜佛教政治传统与大乘佛教》，终于突破了之前研究的一层蒙蔽，佛教政教合一的本质豁然开朗。

在我看来，例如著名的魏晋清谈，除了佛性有无的争论，还有一个主题是我前面讲过的"中"的系统。中国的传统是祭祀太一为中，佛教的中却是以太阳为中，因此有著名的"日中无影"的辩论。传教僧人说你们认为你们处在中，但为什么杆下有影子呢？我们现在知道在北回归线到南回归线的范围里，都有处于杆下无影的时刻。我在云南的时候，夏天有处于影子向南的时候，因为云南南部有超过北回归线的部分，给我这个北方人很深的印象。梁武帝特别为这个问题派人去到天竺考察，果然无影。我们去河南登封的古观象台，可以看到利用巧妙的建筑结构，造成日中无影。这真是文不辨意，此中不是彼中，太一为中不是太阳为中啊。所以所谓清谈，有谁是正统之辨，在当时是有道统的意义的。

当然古正美对佛教史的论证，在我们这里并不成为显学，学术是分宗论派的，主流不容纳，是常见的现象。我们要学会在一切声音中，辨别有价值有意义的声音。我在成长过程中，更多的是听到体制外的声音，低层的声音，获益匪浅，形成一种训练。

据古正美在《贵霜佛教政治传统与大乘佛教》中的考证、梳理，丘就却在世时，以丰厚的国力在犍陀罗建立大乘佛教，造经，造像，做转轮王，做佛教的世界大王，推行大乘佛教，派自己的儿子公主一直到达斯里兰卡。

我们看《后汉书·西域传》讲到天竺国："一名身毒，在月氏之东南数千里。……其人弱于月氏，修浮图道，不杀伐，遂以成俗。……身毒有别城数百，城置长。别国数十，国置王。虽各小异，而俱以身毒为名，

图 12 祠堂石刻　东汉　山东省济南市长清区孝里镇孝堂山郭氏祠

　　在这个出土的东汉石刻里，我们首先看到正中顶端是东王公，往下则是伏羲女娲，都是汉代石刻的主题。可是，我们看石刻的左下部分，从左往右，依次是骆驼、驴、大象、九头龙。东汉时，中原地区早已没有大象，印度还有大象，中亚则有骆驼和驴。综合骆驼、驴、大象这三个物种，我们可以确定这是表达西来的景象。但是，把大象和九头龙联系起来，就不能不想到印度教和佛教中讲的摩诃那伽（Mahanaga），它的意思是大龙象。有人认为九头龙是《山海经》里的动物，但它不属龙，而这里的身体是汉代典型的龙造型。至于多头，印度教有七头蛇的造型（图 13），它表示龙护佑着印度教大神毗湿奴，或佛教里佛、转轮王同为一身的共像。东汉之后的后赵石虎就使用九龙灌顶的仪式，登天王（即佛王）位。北魏（图 14）和北周（图 15）都有九龙灌顶的佛教造型。再看骆驼、驴、象上面，有三个衣带飘起的人，应该是在风中跋涉的佛教僧侣。所以这块刻石的图像，告诉我们东汉时期佛教西来传入的信息。

图 13　南亚七头蛇（龙）造型

图 14　九龙灌顶（局部）
北魏　云冈石窟
第 6 窟中心支提

图 15　九龙灌顶（局部）　北周
莫高窟第 290 窟

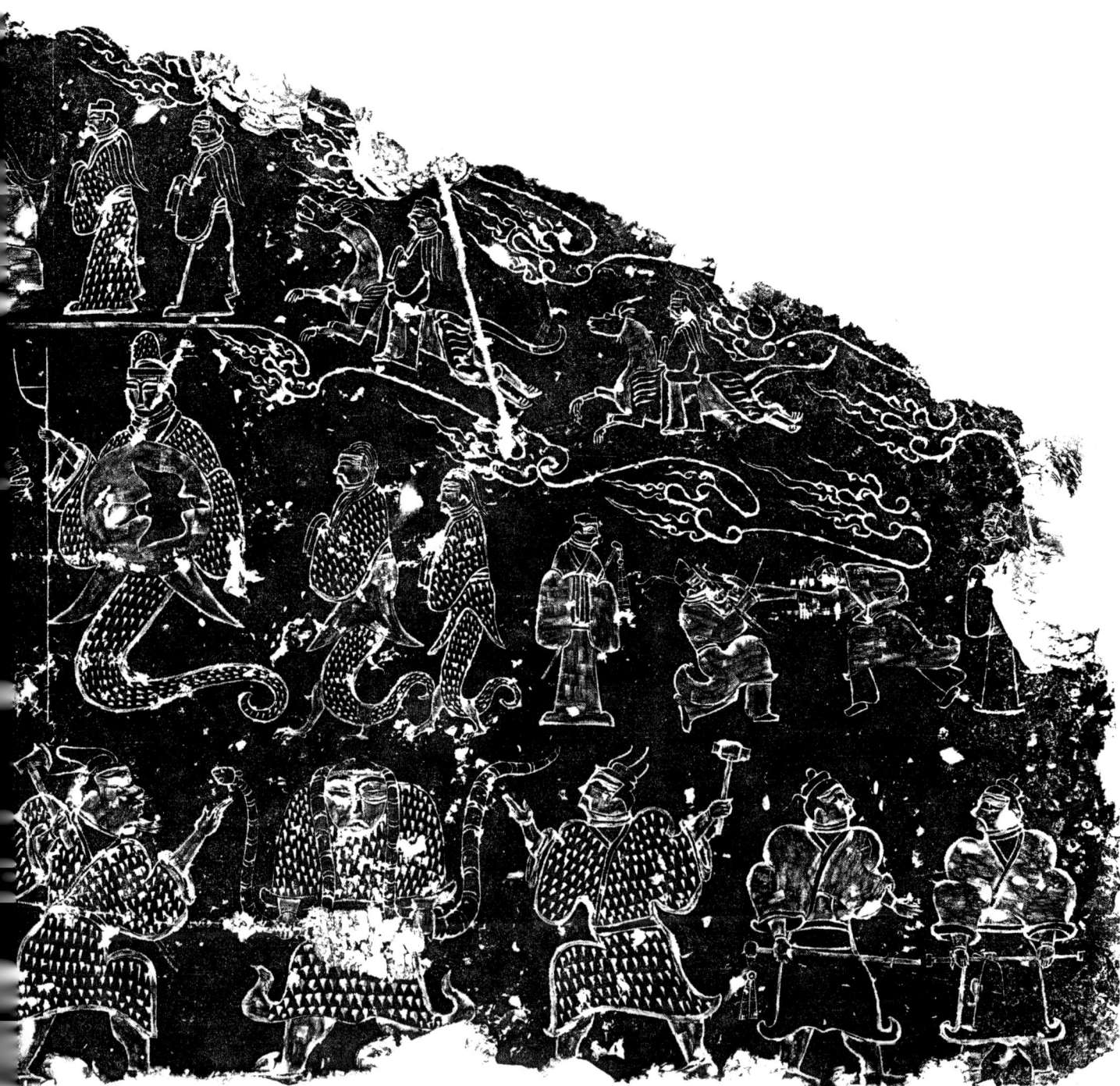

其时皆属月氏。月氏杀其王而置将，令统其人。"也就是说贵霜王朝兴盛时，疆域扩大到印度，这还没有计算贵霜王朝对其北其西的扩张。

古正美考证，由于追求扩张，由于国力消耗，丘就却死于宫廷谋杀。之后他的儿子阎膏珍改印度教，成为印度教的转轮王。

我猜测此时有一个传教和灭教的时期，两者都会导致大量佛教传教者的东进。

白马东来

丘就却于贵霜王朝在位（65—78）的时候，正是中国东汉明帝在位（58—75）期间，《后汉书》说：世传明帝梦见金人，长大，顶有光明，以问群臣。或曰："西方有神，名曰佛，其形长丈六尺而黄金色。"帝于是遣使天竺，问佛道法，遂于中国图画形象焉。楚王英始信其术，中国因此颇有奉其道者。后桓帝好神，数祀浮图、老子，百姓稍有奉者，后遂转盛。注意"浮图""浮屠"第一次出现是在《后汉书》。明帝于是派中郎将蔡愔、秦景、博士王遵西去，在今天的阿富汗国境内，遇到迦叶摩腾、竺法兰两位法师，终于在永平十年返回洛阳。明帝在洛阳雍门外修建了白马寺，供养法师安居和用白马载来的《四十二章经》，这就是著名的"白马东来"的典故。后面这个记载是在汉译《四十二章经》里，正史无载。

《后汉书·光武十王列传》中，记载楚王英到洛阳去交罚款，明帝退还了罚款，给楚王英的诏书说"楚王诵黄老之微言，尚浮屠之仁祠，洁斋三月，与神为誓，何嫌何疑，当有悔吝？其还赎，以助伊蒲塞（优婆塞）、桑门（佛教徒）之盛馔"。话语中完全不把楚王英的佛教活动当回事。而且，看来楚王英对明帝介绍过佛教，才导致明帝梦到佛。任继愈《中国佛教史》里说"记刘英的活动在先，述汉明帝求法在后"，判断是合理的。

不过，公元 70 年，燕广告发楚王英与渔阳王平、颜忠等造作谶纬及图书，属谋逆。朝廷派人去查，结果参劾楚王刘英大逆不道，奏请诛杀。明帝以亲亲不忍杀之，只是废掉刘英的楚王。

如果我们依古正美对大乘佛教的政教合一的判断，楚王英应该是要做佛教的转轮王。如果真的做成了，对专制皇帝的系统来说，就真是"大逆"罪当诛杀了。

不过这种事并没有消断，过了将近百年，汉桓帝（147—167 在位）又在宫里立黄老、浮屠之祠。而此时期一直到汉灵帝，中国佛教史上极为重要的贵霜僧人安世高主持翻译了大量佛典。译经是需要大量财富供养（支持）的。

就在这之后，后贵霜（187—244）的迦腻色伽（Kanisika）王，在无著（婆薮槃豆 Vasubandhu，意为世友）的主持下，重新用佛教治国，开始了第二次大乘佛教时期，为了迅速取得宗教资源，提出"人人皆有佛性"。这造成西晋一直到北凉的关于佛性的争论，并由中国佛教史极为重要的北凉高僧昙无谶结束争论。

又过了百年，是后赵的石虎（334—349 在位）在公元 336 年，"去皇帝号"做"大赵天王"，其时太保卞安等文武五百九十人上皇帝尊号，石虎不听，"即天王位"。

之后前秦苻坚，也就是淝水之战败于东晋谢安的那位，在建元十八年（382）派吕光带七万人去攻打龟兹，讲明夺取高僧鸠摩罗什到长安，搞天王制。不过吕光拿到鸠摩罗什回长安的路上，在长安的苻坚却被姚苌杀掉了。于是吕光在凉州以鸠摩罗什为国师做了佛教天王。鸠摩罗什在弘始三年（401）被姚兴迎入长安，姚兴再以鸠摩罗什为国师，做佛教天王。

我们看这个时期的北方政权，以国家级的军事力量去夺取佛教高僧，就应该明白所谓高僧，是有施行宗教意识形态和改变权力机构的精英人才。

这之后最著名的，就是北凉王沮渠蒙逊与高僧昙无谶的关系了。

沮渠蒙逊得到昙无谶后，开始施行转轮王的佛教治国，在敦煌开佛窟，我们去敦煌，还可以看到三个北凉窟。至于转轮王和佛的关系，昙无谶专门译了后贵霜时期的大乘佛教经典《悲华经》，我之后会请大家一起来读这部佛教经典。《悲华经》不是流行经典，市面上几乎买不到，你们读后，也许会悟到它为什么不流行。

当然，昙无谶在北凉还译了非常多的经，其中像《大方等大云经》，还被后来唐朝的武则天奉为重典，实施佛王信仰的政教合一。

《悲华经》
——转轮王造型的来源

　　我提供给你们的《悲华经》，是日本《大正藏》里的版本，编号第157。《大正藏》是日本在大正年间1912到1925用十三年整理出来，全世界佛学研究者用来研究和引证的通用版本。前些天发给你们的转成简体数码文本《悲华经》，有人说看不懂，所以今天再发给你们的数码版，我添加了标点，再引领你们一起来读，加上讲解，会懂的，不难。

　　在这个标点领读本里，有些重复性的段落，我做了删略。要知道，《悲华经》全部文本有十多万字。我们这次先读其脉络，有了这次的阅读经验，你们手上已经有十万字的版本，自己慢慢看，就轻松多了，再读其他佛典，就容易进入了。开始部分，一些拗口的字注了音。所有的删略，我都做了"略"的标志，便于对照原版。对于重点，我标成红色，次重要的部分标成蓝色。

① 原始经文约造于公元3世纪初；汉文译本约译于公元425年。
② 北凉（401—439），都城凉州即现在甘肃武威。
③ 天竺，昙无谶的出生地。
④ 三藏，是精通经、律、论者。
⑤ 昙无谶读音"谈磨趁"。

悲华经①

大正藏 No. 0157

北凉② 天竺③ 三藏④ 昙无谶⑤（Dharmaksema，384—433）译

悲华经 卷第一

转法轮品 第一 （讲述莲华佛在莲花净土世界成佛。华即花）

　　如是我闻：

　　佛经常常这样开始：我听说是这样的。之后，列出地点和在场者。

⑥ 王舍城：古印度摩揭陀国都城，即现在的印度比哈尔邦底赖雅附近。
⑦ 耆阇崛：读音"齐督绝"；意：灵鹫山。
⑧ 漏：烦恼。
⑨ 摩诃那伽：Mahanaga，大龙象。

　　一时，佛（释迦牟尼）在王舍城⑥耆阇崛山⑦，与大比丘僧六万二千人俱，皆阿罗汉，诸漏⑧已尽，无复烦恼，一切自在，心得解脱，慧得解脱，譬如善调摩诃那伽⑨。所作已办，舍于重担，逮得己利，尽诸有结，正智得解，心得自在，于一切心，得度彼岸，唯除阿难；菩萨摩诃萨四百四十万人，弥勒菩萨最为上首（与释迦牟尼同在时，弥勒还是首席菩萨），皆得陀罗尼忍辱禅定，深解诸法空无、定想如是、大士皆不退转。是时复有大梵天王，与无量百千诸梵天子俱、他化自在天王与其眷属四百万人俱、

68

化乐天王亦与眷属三百五十万人俱、兜率天王亦与眷属三百万人俱、夜摩天王亦与眷属三百五十万人俱、忉利天王释提桓因亦与眷属四百万人俱、毗沙门天王亦与鬼神眷属十万人俱、毗楼勒天王亦与拘办茶眷属一千俱、毗楼勒叉天王亦与诸龙眷属一千俱、提头赖吒天王与乾闼婆眷属一千俱、难陀龙王、婆难陀龙王亦各与一千眷属俱。如是等众，皆已发心，趣于大乘，已行六波罗蜜[1]。

尔时世尊，眷属围绕，为诸大众说微妙法。除四颠倒，生善法明，得智慧光，了四圣谛，欲令来世诸菩萨等，得入三昧。入三昧已过，于声闻[2]、辟支佛[3]地，于阿耨多罗三藐三菩提[4]，无有退转。

尔时弥勒菩萨、无痴见菩萨、水天菩萨、师子意菩萨、日光菩萨，如是等上首菩萨摩诃萨十千人俱，即从座起，偏袒右肩，右膝着地，又手合掌向东南方，一心欢喜，恭敬瞻仰，而作是言："南无莲华尊多陀阿伽度阿罗呵三藐三佛陀，南无莲华尊多陀阿伽度阿罗呵三藐三佛陀，希有世尊，成阿耨多罗三藐三菩提，未久而能示现种种无量神足变化，令无量无边百千亿那由他[5]众生，得种善根，不退转于阿耨多罗三藐三菩提。"

① 波罗蜜：菩萨必修的善德，成就圣者的根本；六波罗蜜：布施、持戒、忍辱、精进、禅定、般若（智慧）。
② 声闻：śrāvaka，音译舍罗婆迦，意译弟子。为二乘之一，三乘之一。指听闻佛陀声教而证悟之出家弟子。
③ 辟之佛：辟支迦佛陀（Pratyekabuddha）的简称，音译钵罗翳迦佛陀。指过去生曾经种下因缘，进而出生在无佛之世，因性好寂静，或行头陀，无师友教导，而以智能独自悟道，其或是思惟世间生灭无常的道理，或是观察十二因缘、飞花落叶等，进而得到证悟而解脱生死、证果之人。所以亦称为"独觉"（新译）或"缘觉"（旧译）。
④ 阿耨多罗三藐三菩提：阿，无；耨多罗，上；三藐，正；三，遍，等；菩提，觉。即无上正等正觉。
⑤ 那由他：多到无可计数。

为了标点方便，我以现场为现在时。其实经一开始是追述，"如是我闻"，是过去时。

尔时会中有菩萨摩诃萨，名宝日光明，即从座起，偏袒右肩，右膝着地，合掌向佛而白佛言："弥勒菩萨、无痴见菩萨、水天菩萨、师子意菩萨、日光菩萨，如是等上首菩萨摩诃萨十千人等，以何缘故，舍于听法而从座起，偏袒右肩，右膝着地，又手合掌，向东南方，一心欢喜而作是言：'南无莲华尊多陀阿伽度阿罗呵三藐三佛陀，南无莲华尊多陀阿伽度阿罗呵三藐三佛陀，希有世尊，成阿耨多罗三藐三菩提，未久而能示现种种无量神足变化，令无量无边百千亿那由他众生，得种善根？'世尊，是莲华尊佛去此远近？彼佛成道已来几时？国土何名？以何庄严？莲华尊佛何故示现种种变化？于十方世界、所有诸佛示现种种无量变化？或有菩萨而得瞻见，我独不睹？"

尔时佛告宝日光明菩萨："善男子，善哉善哉！汝所问者，即是珍宝，即是贤善，即是善辩，即是善问。汝，善男子，能问如来如是妙义，欲得教化无量万亿那由他众生，令种善根，欲得显现莲华尊界种种庄严。善男子，我今当说，谛听谛听！善思念之！善受摄持！"宝日光明菩萨一心欢喜，受教而听。

于是释迦牟尼向宝日光明菩萨讲述了虚空印菩萨成莲花佛的莲花净土世界的状况。虚空印的成佛，我们会在后面第五王子无所畏的受记中找到缘由。（略）

悲华经
陀罗尼品 第二

第一和第二本是接连叙述，分成两部分，是为书写成卷的方便。此部分提到弥勒菩萨向释迦牟尼佛请求成佛。（续略）

尔时宝日光明菩萨复白佛言："世尊，彼佛世界，纵广几何？住世寿命、说法几时，昨夜始成阿耨多罗三藐三菩提？灭度之后，法住久近？诸菩萨众，在世几时？生彼世界，诸菩萨等，颇有远于见佛闻法，供养众僧不？莲华世界，佛未出时，名字何等？彼界先昔佛日世尊，灭度已来，为经几时？灭度之后，中间几时，莲华尊佛而得成道？以何因缘，于十方世界，在在处处，所有诸佛，入于师子游戏三昧，示现种种神足变化？诸菩萨等，或有见者或不见者？"

尔时佛告宝日光明菩萨："善男子，如须弥山王，高十六万八千由旬，纵、广八万四千由旬。或时有人勤行精进，或幻化力或禅定力，碎破须弥犹如芥子过诸算数，除佛世尊，一切智者余无能知。如一芥子为一四天下，是莲华世界所有四天下，数尽此芥子。有诸菩萨充满其中，犹如西方安乐世界诸菩萨等。善男子，彼莲华尊佛寿命、说法，三十中劫。灭度已后，正法住世，满十中劫。善男子，彼诸菩萨已生当生者，寿命四十中劫。善男子，彼佛世界，本名栴檀，清净好妙不如今也。尔时世界，亦无如是清净菩萨。善男子，栴檀世界，过去先佛出于世间，号日月尊如来应正遍知明行足善逝世间解无上士调御丈夫天人师佛世尊，寿命说法，三十中劫。临灭度时，或有菩萨以愿力故，至余佛土，其余在者，作如是念：今夜中分，日月尊如来当取涅槃。见佛灭已，我等当于十中劫中护持正法，谁能于此正法灭已，次第得成阿耨多罗三藐三菩提？时有菩萨名虚空印，以本愿故，日月尊如来即与授记：'善男子，我灭度已，正法住世满十中劫。过十中劫，于夜初分，正法灭尽，汝于是时即当成阿耨多罗三藐三菩提，号曰莲华尊如来应正遍知明行足善逝世间解无上士调御丈夫天人师佛世尊。'（中略）尔时诸菩萨摩诃萨至日月尊佛所，至佛所已，诸菩萨等以禅定力种种自在师子游戏，供养日月尊如来。作供养已，右绕三匝，作如是言：'世尊，我等愿欲于此十中劫中，入灭尽定。'

"善男子，尔时日月尊如来告虚空印菩萨摩诃萨：'善男子，受持此解了一切陀罗尼门。'过去多陀阿伽度阿罗呵三藐三佛陀，已为受佛职位诸菩萨说。如今，现在十方诸佛，亦为受佛职位诸菩萨说。未来诸佛世尊，亦当为受佛职位诸菩萨说，所谓解了一切陀罗尼门，即说章句：

阇梨　阇连尼　摩诃阇连　休翅休翅三钵提摩诃　三钵提　提陀阿吒醯多遮吒迦吒陀罗卓迦　阿斯摩迦斯　醯隶　弥隶帝隶流流翅　摩诃流流翅　阇移头阇移阇移末坼膻坻　舍多祢伽陀祢阿茂隶　茂罗波　隶阇尼摩罗斯祢毗罗婆祢　目帝目帝波隶输题　阿毗坻　波夜无郅祢　波罗乌呵罗祢　檀陀毗阇比阇婆留郁耽祢

如是章句，破坏外道一切论议，摄正法轮，复能拥护说正法者，开示分别四念处解脱法门。

尔时世尊复说章句：（中略）

　　每组咒语说完，指出其作用，之后接续下去，我从此处开始略去咒语。佛经在当年译成汉语时，古代的译者定下规矩：咒语不译，只用汉字对应出梵文的音。所以这些咒语是一般人看不懂的，而一旦你读了梵文的本意，就失去了神秘感，古代的译者不译咒语是有道理的。

尔时世尊释迦牟尼，说是解、了一切陀罗尼法门时，三千大千世界六种震动，巨我踊没。尔时有大微妙光明，遍于十方，过如恒河沙等世界。其中所有须弥山王，大小铁围不与眼对，但见世界地平如掌。十方世界所在之处，有诸菩萨，其数无量，得诸禅定总持忍辱。
　　（中略）
尔时会中，有菩萨名解脱怨憎，白佛言："世尊，菩萨摩诃萨成就几法？能修集是解了一切陀罗尼门？"佛告解脱怨憎菩萨言："善男子，菩萨成就四法，则能修是陀罗尼门。何等为四？菩萨住是四圣种中，于粗衣食卧具医药，常得知足。菩萨成就如是四法，则能修是陀罗尼门。复次，善男子，菩萨摩诃萨成就五法，则能修是陀罗尼门。何等为五？自持禁戒。所谓爱护解脱戒，成就威仪行，防护戒法，心生怖畏如小金刚，受持修学一切诸戒。见破戒者劝令持戒；见邪见者劝令正见；（见）破威仪者劝住威仪；见散心者劝令一心；见有好乐于二乘者；劝令安住阿耨多罗三藐三菩提。菩萨成就如是五法，则能修是陀罗尼门。复次，善男子，菩萨成就六法，则能修是陀罗尼门。何等为六？自修、多闻、通达无阂。见寡闻者劝令多闻；自不悭吝见悭吝者，劝令安住不悭吝法；自不嫉妒见嫉妒者，劝令安住不嫉妒法；自不怖他施以无畏，见怖畏者为作拥护，善言诱喻使得安隐；心不谀谄；无有奸诈行空三昧。菩萨成就如是六法，则能修是陀罗尼门。菩萨摩诃萨成就如是相貌法已，于七岁中总略一切陀毗梨章句，昼夜六时头面恭敬，一心思惟缘身念处，行空三昧读诵如是陀毗章句。即于起时，遍念十方一切世界无量诸佛是菩萨摩诃萨，过七岁已，即便得了解一切陀罗尼门。菩萨得陀罗尼门已，便得如是圣清净眼。得是眼已，见于十方如恒河沙等世界中在在处处。诸佛世尊不取涅槃。亦见示现种种无量神足变化。是菩萨尔时悉见一切无量诸佛无有遗余。以见佛故，即得八万四千陀罗尼门七万二千三昧门，六万法门。菩萨摩诃萨得解了一切陀罗尼门已，复于众生得大慈悲。复有菩萨摩诃萨得是法门已，所有五逆重恶罪等转身便得永尽无余。第三生已，尽一切业得第十住。若无五逆其余诸业即于此身永尽无余，过一生已得第十住，不久便得三十七品及一切智。善男子，是解了一切陀罗尼门，能大利益诸菩萨摩诃萨。若菩萨常念诸佛法身故，得见种种神足变化。见是化已，即得如是无漏欢喜。因欢喜故，便成如是神足变化。以神足力，则能供养如恒河沙等世界诸佛。得供养已，于诸佛所亦听受妙法。听受法故，即得陀罗尼三昧忍辱，便还来至此佛世界。善男子，是陀罗尼门，能作如是大利益事，损灭恶业，增诸善根。"尔时有诸菩萨白佛言："世尊，我等于过去如一恒河沙等诸佛所，闻是陀罗尼门。闻已即得。"复有菩萨作如是言："我等已于二恒河沙等诸佛所，闻是陀罗尼门，闻已即得。"复有菩萨作如是言："我等已于三恒河沙等诸佛所，闻是陀罗尼门，闻已即得。"复有菩萨作如是言："我等已于四恒河沙等诸佛所，闻是陀罗尼门，闻已即得。"复有菩萨作如是言："我等已于五恒河沙等诸佛所，闻是陀罗尼门，闻已即得。"复有菩萨作如是言："我等已于六恒河沙等诸佛所，闻是陀罗尼门，闻已即得。"复有菩萨作如是言："我等已于七恒河沙等诸佛世尊，闻是陀罗尼门，闻已即得。"复有菩萨作如是言："我等已于八恒河沙等诸佛所，闻是陀罗尼门，闻已即得。"复有菩萨作如是言："我等已于九恒河沙等诸佛所，闻是陀罗尼门，闻已即得。"

尔时弥勒菩萨摩诃萨白佛言："世尊，我于往世过十恒河沙等劫时，有大劫名善普遍，于此劫中是娑婆世界，微妙清净一切庄严。尔时有佛出现于世，号娑罗王如来应正遍知明行足善逝世间解无上士调御丈夫天人师佛世尊，有无量百千亿那由他比丘僧，复有不可计诸菩萨摩诃萨恭敬围绕。尔时娑罗王佛，为诸大众说是解了一切陀罗尼门。我于尔时从彼佛所得闻是法闻已修学。学已，即得增广具足。如是无量无边劫中，有不可计阿僧祇佛。我于尔时随其寿命，以诸菩萨所得种种师子游戏自在三昧，供养如是无量诸佛。我于尔时，便得于此一一佛所种无量无边不可称计阿僧祇善根。种善根已，即得无量大功德聚。以是善根故，无量诸佛与我授记。以本愿故，久在生死。以待时故，不成阿耨多罗三藐三菩提。世尊，惟愿如来，于今与我受佛职位。令得阿耨多罗三藐三菩提。"（弥勒请求成佛）

尔时佛告弥勒菩萨摩诃萨："如是如是，如汝所说。娑罗王佛现在世时，汝已得是解了一切陀罗尼法门。弥勒，汝于过去十大劫中，若欲愿成阿耨多罗三藐三菩提者，汝于尔时寻应具足速疾，成就阿耨多罗三藐三菩提，入无余涅槃。弥勒，汝久住生死以本愿故，所以不成以待时故。弥勒。我今为汝受佛职位。"尔时世尊观诸大众及诸菩萨比丘、比丘尼、优婆塞、优婆夷、天龙、夜叉、阿修罗、罗刹、乾闼婆、人、非人等。作是观已，说是章句：

（略）

尔时世尊告无所畏平等地菩萨摩诃萨言："善男子，诸佛世尊，出世甚难。演布是法，乃复倍难。是法乃是戒、定、慧解脱，解脱知见之所熏修。善男子，如是章句，能令菩萨威德成就。善男子，如来本行菩萨道时，以布施、持戒、忍辱、精进、禅定、智慧，摄是章句，供养、恭敬无量无边百千万亿诸佛世尊。于诸佛所，或行布施，或修梵行，清净，持戒或勤精进，或修忍辱，或入三昧，或修习慧。种种修集纯善净业，是故我今得无上智。善男子，我昔于无量阿僧祇亿那由他劫，修菩萨道时，身常远离妄语、两舌、恶口、绮语，是故我今得是舌相。善男子，以是因缘故，诸佛世尊所说真实，无有虚妄。”

尔时世尊示现种种神足变化。作变化已，入遍一切功德三昧。入是三昧已，出广长舌遍覆面门，从其舌根，放六十亿光明。其光微妙，遍照三千大千世界。地狱饥鬼、畜生、天人皆蒙其光。地狱众生身炽然者，以蒙光故，于须臾间得清凉乐。是诸众生即于其前，各有化佛三十二相、八十种好庄严其身。尔时众生以见佛故，皆得快乐，各作是念“蒙是人恩，令我得乐”。于化佛所，心得欢喜，叉手恭敬。

尔时佛告彼诸众生：“汝今称南无佛、南无法、南无僧。以是缘故，常得快乐。”是诸众生，长跪叉手，前受佛教，而作是言：“南无佛南无法南无僧。”是诸众生以是善根因缘故，于此命终或生天上或生人中。若有众生在寒冻地狱，是时寻有柔软暖风，来触其身，乃至生天人中亦复如是。饿鬼众生为饥渴所逼，蒙佛光故，除饥渴恼，受于快乐，亦各于前，有一化佛，三十二相八十种好庄严其身。以见佛故，皆得快乐。各作是念：蒙是人恩，令我得乐。于化佛所，心得欢喜，叉手恭敬。尔时世尊令彼众生得见宿命罪业因缘，寻自悔责，以是善根于中，命终生天人中，畜生、众生亦复如是。尔时世尊为诸天人，示宿世因缘故，有无量无边众生来至佛所，头面作礼，却坐一面，听受妙法。尔时有不可计诸天及人，发阿耨多罗三藐三菩提心。无数菩萨摩诃萨得陀罗尼三昧忍辱。

悲华经卷第一

悲华经 卷第二

从这一部分开始了与我们造型课程有关的叙述，注意其中提到的物件和人物的姿态。

大施品 第三 之一

尔时会中有菩萨摩诃萨名曰寂意，瞻睹如来种种神化已，白佛（释迦牟尼）言：“世尊，何因缘故，其余诸佛所有世界，清净微妙，种种庄严，离于五浊，无诸秽恶？其中纯有诸大菩萨，成就种种无量功德，受诸快乐，其土乃至无有声闻、辟支佛名，何况当有二乘之实？今我世尊，何因何缘，处斯秽恶不净世界，命浊，劫浊，众生浊，见浊，烦恼浊，于是五浊恶世之中，成阿耨多罗三藐三菩提，在四众中说三乘法？以何缘故，不取如是清净世界，而不远离五浊恶世？”

寂意菩萨的意思是为什么上一卷讲的别佛世界清静庄严，而你释迦牟尼佛却愿处此秽恶世界？卷第一里，释迦牟尼所说的几个成佛者，都是发愿愿生净土，与下面释迦牟尼愿生不净土有重大不同。请留意造经者的安排与褒贬。

佛告寂意菩萨：“善男子，菩萨摩诃萨以本愿故，取净妙国，亦以愿故，取不净土。何以故？善男子，菩萨摩诃萨成就大悲故，取斯弊恶不净土耳。是故，吾以本愿，处此不净秽恶世界，成阿耨多罗三藐三菩提。善男子，汝今谛听，善思念之，善受善持。吾今当说。”时诸菩萨受教而听。

以下释迦牟尼开始讲述自己发愿成佛的历程，惊心动魄，也是《悲华经》的核心内容。

佛告寂意菩萨："善男子，我于往昔过恒河沙等阿僧祇劫，此佛世界名删提岚，是时大劫名曰善持。于彼劫中，有转轮圣王，名无诤念，主四天下。有一大臣名曰宝海，是梵志种，善知占相。时（宝海）生一子，有三十二相，璎珞其身；八十种好，次第庄严；以百福德，成就一相，常光一寻；其身圆足，如尼拘卢树；谛观一相，无有厌足。当其生时，有百千诸天来共供养。因为作字，号曰宝藏。其后长大，剃除须发，法服出家，成阿耨多罗三藐三菩提，还号宝藏如来、应供、正遍知、明行足、善逝、世间解、无上士、调御丈夫、天人师、佛、世尊，即转法轮，令百千无量亿那由他诸众生等，得生人天，或得解脱。如是利益诸天人已，与百千亿那由他声闻大众恭敬围绕，次第游行城邑、聚落。渐到一城，名安周罗，即是圣王所治之处。去城不远，有一园林，名曰阎浮。尔时如来，与百千无量亿那由他声闻大众，止顿此林。

"时转轮王，闻宝藏佛与百千无量亿那由他声闻大众，次第游行，至阎浮林。尔时圣王便作是念：'我今当往至于佛所，礼拜围绕，供养恭敬，尊重赞叹。'作是念已，即便自以圣王神力，与无量大众前后围绕，出安周罗城，向阎浮林。既至林外，如法下车，步至佛所，到已，头、面礼足、右绕三匝，却坐一面。

"善男子，尔时宝藏多陀阿伽度阿罗诃三藐三佛陀，即为圣王说于正法，以种种方便示教利喜。说是法已，默然而止。（法施。注意宝藏佛的默然而止的态度。）

"时转轮王便从坐起，长跪叉手，前白佛言：'唯愿如来，及诸圣众，于三月中受我供养衣被、饮食、卧具、汤药。'（财施，供养）

"善男子，彼时如来默然许之。时王即知佛已许可，头面作礼，绕佛三匝，欢喜而去。

"时转轮王告诸小王、大臣、人民及其眷属，作如是言：'汝等知否？我今已请宝藏如来，及其大众，终竟三月，奉诸所安。自我所用爱重之物、诸供养具、僮使、仆从，我今悉舍，以奉施佛，及诸圣众。汝等今者亦当如是，舍所重物、诸供养具、僮使、仆从，以奉施佛，及诸圣众。'诸人闻已，即便受教，欢喜奉行。

"时主宝臣，于阎浮林中，以纯金为地。于其地上作七宝楼，其楼四门，七宝所成。七宝行树，其树皆悬宝衣、璎珞、种种真珠、妙好宝盖，及诸宝器，以用庄严。复有诸香妙宝华果，以庄校树，散种种华。绵缎缯纩，以为敷具，悬诸缯幡。圣王金轮，于楼观前满处虚空，去地七尺。令白象宝，在如来后，持七宝树。其树复有真珠、缯帛、种种璎珞，以用庄校，其上复有七宝妙盖。使玉女宝，于如来前，磨牛头栴檀，及黑沉水，用散佛上。以摩尼珠宝，置于佛前。宝珠、金轮一光微妙常明，遍满阎浮檀林，昼夜无异，宝藏如来常身光明，微妙清净，遍满三千大千世界。以牛头栴檀，为一一声闻作诸床榻。一一床边，牛头栴檀以为几凳。一一座后，有白象宝，持七宝树，种种庄严亦如如来。一一座前，有玉女宝，磨牛头栴檀，及黑沉水，散以供养。于此一一声闻座前，各各安置摩尼宝珠。其园林中，作种种伎乐。其园外边，有四兵宝，周匝围绕。

"善男子，是转轮王清旦出城，向于佛所，既至林外，如法下车，步至佛所。至佛所已，头面礼足，右绕三匝，自行澡水，手自斟酌上妙肴膳。佛及大众饮食已讫，舍钵漱口。时转轮王手执宝扇，以扇如来，及一一声闻。时王千子，及八万四千诸小王等，悉皆供养一一声闻，如转轮王供养世尊。寻于食后，有百千无量亿那由他众生，入阎浮林，于如来所，听受正法。尔时虚空中有百千无量亿那由他诸天，散诸天华，作天伎乐，以供养佛。是时虚空中有天衣、璎珞、种种宝盖，而自回转。复有四万青衣夜叉，于栴檀林取牛头栴檀，为佛大众燃火熟食。

"时转轮王，其夜于佛及大众前，然百千无量亿那由他灯。善男子，时转轮王顶戴一灯、肩荷二灯、左右手中执持四灯，其二膝上各置一灯，两足趺上亦各一灯（图16），如是竟夜供养如来。佛神力故，身心快乐，无有疲极，譬如比丘入第三禅，转轮圣王所受快乐，亦复如是。如是供养，终竟三月。

"时王千子，及八万四千诸小王等、百千无量亿那由他众，亦以妙食供养一一

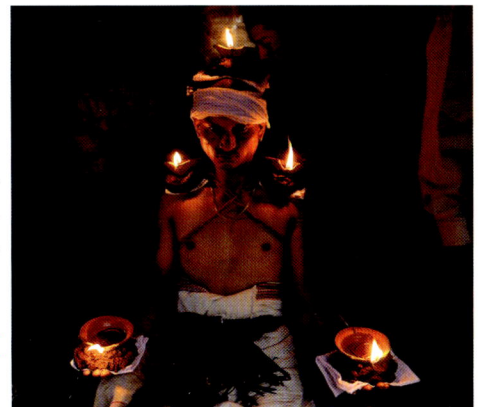

图16 现在印度仍然存有这种仪式

73

诸声闻等，亦如圣王所食肴膳，亦满三月。其玉女宝，亦以种种华香供养，如转轮王供养于佛，等无差别。其余众生华香供养，亦如玉女供养声闻，无有异也。

　　"善男子，时转轮王过三月已，以主藏宝臣，贡上如来阎浮檀金作龙头璎、八万四千上金轮宝、白象、绀马、摩尼珠宝、妙好火珠、主藏臣宝、主四兵宝、诸小王等、安周罗城、诸小城邑、七宝衣树、妙宝华聚、种种宝盖、转轮圣王所着妙衣、种种华鬘、上妙璎珞、七宝妙车、种种宝床、七宝头目、交络宝网、阎浮金锁、宝真珠贯、上妙履屣、綩綖茵褥、微妙几凳、七宝器物、钟鼓、伎乐、宝铃、珂贝、园林、幢幡、宝罐、灯烛、七宝鸟兽、杂厕妙扇、种种诸药，如是等物各八万四千，以用奉施佛及圣众。作是施已，白佛言：'世尊，我国多事有诸不及，今我悔过。唯愿如来久住此国，复当令我数得往来，礼拜围绕，恭敬供养，尊重赞叹。'彼王诸子，在佛前坐，一一王子复各请佛及比丘僧，终竟三月奉诸所安，唯愿许可。尔时如来默然许之。时转轮王已知如来受诸子请，头面礼佛，及比丘僧，右绕三匝，欢喜而去。

　　这里的重要细节是，转轮王献出无数珍宝，其中有两样，龙头璎、阎浮金锁（图17）。

　　"善男子，时王千子，第一太子名曰不眴，终竟三月，供养如来，及比丘僧，奉诸所安，一如圣王。时转轮王，日至佛所，瞻睹尊颜，及比丘僧，听受妙法。

　　"善男子，尔时大臣宝海梵志，周遍到于阎浮提内，男子、女人、童男、童女一切人所，乞求所须。尔时梵志，先要施主：'汝今若能归依三宝，发阿耨多罗三藐三菩提心者，然后乃当受汝所施。'时阎浮提一切众生，其中乃至无有一人不从梵志受三归依、发阿耨多罗三藐三菩提心者。既令诸人受教诫已，即便受其所施之物。尔时梵志令百千亿无量众生，住三福处，及发阿耨多罗三藐三菩提心。

　　与转轮王不同的是，宝海梵志动员国内人民发愿皈依，发阿耨多罗三藐三菩提心。

　　"太子不眴供养如来及比丘僧，竟三月已，所奉达嚫八万四千金龙头璎，唯无圣王金轮、白象、绀马、玉女、藏臣、主兵、摩尼宝珠，其余所有金轮、象、马、妙好火珠、童男、童女、七宝衣树、七宝华聚、种种宝盖、微妙衣服、种种华鬘、上妙璎珞、七宝妙车、种种宝床、七宝头目、交络宝网、阎浮金锁、宝真珠贯、上妙履屣、綩綖茵褥、微妙几凳、七宝器物、钟鼓、伎乐、宝铃、珂贝、园林、幢幡、宝罐、灯烛、七宝鸟兽、杂厕妙扇、种种诸药，如是等物各八万四千，以奉献佛及比丘僧。作是施已，白佛言：'世尊，所有不及，今日悔过。'

　　"时第二王子名曰尼摩，终竟三月，供养如来及比丘僧，如不眴太子所奉达嚫，如上所说。第三王子名曰王众，第四王子名能加罗，第五王子名无所畏，第六王子名曰虚空，第七王子名曰善臂，第八王子名曰泯图，第九王子名蜜苏，第十王子名曰濡心，十一王子名蓍伽奴，十二王子名摩樗满，十三王子名摩奴摸，十四王子名摩磋鹿满，十五王子名摩阇奴，十六王子名曰无垢，十七王子名阿阇满，十八王子名曰无缺，十九王子名曰义云，二十王子名因陀罗，二十一名尼婆卢，二十二名尼伽殊，二十三名曰月念，二十四名曰日念，二十五名曰王念，二十六名金刚念，二十七名忍辱念，二十八名曰住念，二十九名曰远念，三十名曰宝念，三十一名罗睺，三十二名罗睺力，三十三名罗睺质多罗，三十四名罗摩质多罗，三十五名曰国财，三十六名曰欲转，三十七名兰陀满，三十八名罗刹卢苏，三十九名罗耶输，四十名炎磨，四十一名夜婆满，四十二名夜阇卢，四十三名夜磨区，四十四名夜堕殊，四十五名夜颇奴，四十六名夜婆奴，四十七名南摩殊帝，四十八名阿蓝遮奴……如是等圣王千子，各各三月供养如来及比丘僧。一切所须衣服、饮食、卧具、医药，亦复皆如第一太子所奉达嚫，种种之物亦复各各八万四千。因其所施，各各发心，或愿忉利

龙头璎

阎浮金锁

图 17 转轮王雕像　日本 N.Horiuchi 收藏

图 19 转轮王像　石雕　纽约大都会博物馆藏

18 龙头璎实物　私人收藏

图 20 转轮王像 石雕 纽约大都会博物馆藏

左图和右图的雕像胸前，龙头璎部分残缺，但并不妨碍我们辨识它们是转轮王。

图 21 转轮王像　石雕
　　纽约大都会博物馆藏

图 22　悲华经石雕　犍陀罗　巴基斯坦拉合尔博物馆　序号 G-155
原图题名：Vision of a buddha's paradise
原图注：MOHAMMED NARI, KHYBER PAKHTUNKHWA PROVINCE, 4TH CENTURY CE

图 23 悲华经石雕　日本松冈博物馆藏

图 24 悲华经石雕　日本 N.Horiuchi 收藏

左图中 3、4、5、6、7 这些局部，是宝海梵志送莲花给转轮王无诤念的情节。

左图中 1、2 这些局部，是转轮王无诤念在宫中思维的情节。

三张图中，坐在莲花坐上的是多宝佛，双手做转法轮手印，表示他在传播佛法。

周围的人物雕像，大部分是听讲佛法的佩带龙头璎和阎浮金锁的转轮王或太子。

经雕完整明确地表现了佛与最高权力者的关系。

天王，或求梵王，或求魔王，或求转轮圣王，或愿大富，或求声闻。是诸王子，其中乃至尚无一人求于缘觉，况求大乘。时转轮王，因布施故，而复还求转轮王位。是时圣王及其千子，如是供养，满二百五十岁，各各向佛及比丘僧悔诸不及。（以上描述庞大的供养人和供养财物）

"善男子，时宝海梵志，寻往佛所，而白佛言：'唯愿如来，及比丘僧，满七岁中受我供养衣服、饮食、卧具、医药。'尔时如来默然许可，受梵志请。善男子，尔时梵志供养如来及比丘僧，所须之物，亦如圣王之所供养。

"善男子，宝海梵志复于后时作如是念：'我今已令百千亿那由他众生发阿耨多罗三藐三菩提心。然我不知转轮圣王所愿何等？为愿人王、天王、声闻、缘觉，为求阿耨多罗三藐三菩提？若我来世必成阿耨多罗三藐三菩提，度未度者，解未解者，未离生、老、病、死、忧、悲、苦、恼，悉令得离，未灭度者令得灭度。定如是者，我于夜卧，当有诸天、魔、梵、诸龙及夜叉等，诸佛世尊、声闻、沙门、婆罗门等，为我现梦，说此圣王之所志求。为求人王？为求天王？为求声闻、辟支佛乘、阿耨多罗三藐三菩提耶？'

"善男子，时宝海梵志于睡眠中，见有光明，因此光故，即见十方如恒河沙等诸世界中，在在处处诸佛世尊。彼诸世尊，各各遥以妙好莲华与此梵志，其华微妙，银茎金叶，琉璃为须，玛瑙为茸。各于华台，见日轮像。于日轮上，各各悉有七宝妙盖，一一日轮，各各皆出六十亿光，是诸光明皆悉来入梵志口中。自见其身，满千由旬，净无垢秽，譬如明镜。见其腹内，有六十亿那由他百千菩萨，在莲华上结跏趺坐，三昧正受。复见日鬘，围绕其身。于诸华中，出诸伎乐，逾于天乐。

"善男子，尔时梵志，又见其王，血污其身，四方驰走，面首似猪，啖种种虫。既啖虫已，坐伊兰树下，有无量众生来食其身，唯有骨锁。舍骨锁已，数数受身，亦复如是。于是复见诸王子等，或作猪面，或作象面，或水牛面，或狮子面，或狐、狼、豹面，或猕猴面，以血污身。亦各皆啖无量众生，坐伊兰树下，复有无量众生来食其身，乃至骨锁。离骨锁已，数数受身，亦复如是。或见王子，须曼那华以作璎珞，载小弊车，驾以水牛，从不正道南向驰走。

请注意下面自然段里的"莲花"这个细节，与将来的造型辨识有关！

"复见四天大王、释提桓因、大梵天王，来至其所，告梵志言：'汝今四边，所有莲华，应先取一华，与转轮王（图25、26）。一一王子，各与一华。其余诸华与诸小王，次与汝子，并及余人。'梵志得闻如是语已，即如其言，悉取赋之。

"如是梦已，忽然而寤。从卧起坐，忆念梦中所见诸事，寻时得知转轮圣王所愿卑下，爱乐生死，贪着世乐。我今复知诸王子中，或有所愿卑小下劣，以诸王子有发心求声闻乘者，故我梦见须曼那华以作璎珞，载水牛车，于不正道南向驰走。我何缘故昨夜梦中见大光明，及见十方无量世界在在处处诸佛世尊？以我先教劝阎浮提内无量众生，悉令安住三福处故，是故于梦得见光明，及见十方无量世界在在处处诸佛世尊？以我教劝阎浮提内一切众生，发阿耨多罗三藐三菩提心，请宝藏佛及比丘僧，足满七岁，奉诸所安，是以梦中见十方诸佛与我莲华？以我发阿耨多罗三藐三菩提心故，是以梦中见十方诸佛与我宝盖，如我所见莲华台中见日轮像，有无量光明入我口中，及见大身满千由旬，七宝盖上以日为饰，及见腹内有六十亿百千菩萨在莲华上结跏趺坐，三昧正受，时梵天王所可教敕，赋诸莲华？如是等梦，非我所解，唯有如来乃能解之。我今当往至世尊所，问其所以，何因缘故，见是诸事。

"善男子，尔时宝海梵志，过夜清旦，即至佛所。饮食已办，自行澡水，手自斟酌上妙肴膳。食已行水，收举钵讫，即于一面坐卑小床，欲听妙法。尔时圣王，及其千子，无量无边百千大众，出安周罗城，恭敬围绕，向阎浮园。到园外已，如法下车，步至佛所，头面礼佛，及比丘僧，在佛前坐，为欲听法。

下面是宝藏佛为宝海梵志解梦，强调原因是宝海劝人信佛。

从这个局部可以看到宝海梵志送莲花给转轮王无诤念，启发他信仰佛教。

图 25 悲华经石雕（局部）

同样的情节，转轮王胸前的龙头璎是斜挎的，夹在转轮王和王后之间的是宝海梵志。

图 26 悲华经壁画　印度阿旃陀石窟 1 号窟

"尔时梵志，如梦中所见，具向佛说。佛告梵志：'汝梦所见有大光明，十方无量如恒河沙等诸世界中，在在处处诸佛世尊与汝莲华，于华台中有日轮像，大光入口。以汝先于二百五十年中教阎浮提内无量众生，令住三福处，复令无量众生发阿耨多罗三藐三菩提心，于今复作如是大施，供养如来及比丘僧，以是故，十方诸佛授汝阿耨多罗三藐三菩提记。十方如恒河沙等诸佛世尊现在说法，与汝莲华，银茎金叶，琉璃为须，玛瑙为茸，莲华台中有日轮像，如是等事，皆是汝之受记相貌。

　　"'梵志，汝梦所见十方如恒河沙等诸世界中，在在处处诸佛世尊现在说法，彼诸世尊所可与汝七宝妙盖，盖上庄饰至梵天者。汝于来世，当于夜分成阿耨多罗三藐三菩提，即于其夜有大名称，遍满十方如恒河沙等诸世界中，上至梵天。当得无见顶相，无能过者。即是汝之成道初相。

　　"'汝梦见大身，又见日鬘而自围绕者。汝于来世成阿耨多罗三藐三菩提已，汝先所可于阎浮提内教无量众生，令发阿耨多罗三藐三菩提心者，亦当同时于十方如微尘等世界之中，成阿耨多罗三藐三菩提。亦皆各各发此赞言："我于往昔，为宝海梵志之所劝化，发阿耨多罗三藐三菩提心，是故我等今日悉成阿耨多罗三藐三菩提。某甲世尊，即是我之真善知识！"尔时诸佛，各各自遣诸大菩萨，为供养汝故。诸菩萨等，以先所得己佛世界种种自在狮子游戏神足变化，而以供养。尔时诸菩萨，种种供养已，于彼听法，得陀罗尼三昧忍辱。是诸菩萨听受法已，各还本土，向佛世尊称说汝国所有诸事（经在结束部分描绘了果然是这样）。梵志，如是梦事，皆是汝之成道相貌。

　　"'梵志，汝所梦见于其腹内，有无量亿诸大菩萨，在莲华上结跏趺坐，三昧正受者。汝于来世成阿耨多罗三藐三菩提已，复当劝化无量亿百千众生，令不退于阿耨多罗三藐三菩提。汝入无上涅槃已，其后未来之世，当有十方世界无量诸佛法王世尊，亦当称汝名字，作如是言：'过去微尘数等大劫，有某甲佛。是佛世尊劝化我等安住于阿耨多罗三藐三菩提，令不退转。是故我等今成阿耨多罗三藐三菩提，作正法王。梵志，如是等梦，皆是汝之成道相貌。

　　"'梵志，汝梦所见人形猪面，乃至猕猴面，以血污身，啖种种虫已，坐伊兰树下，无量众生唼食其身，乃至骨锁，离骨锁已数数受身者。有诸痴人，住三福处，所谓布施、调伏、善摄身口。如是人等，当生魔天，有退没苦。若生人中，受生老病死忧悲恼苦、爱别离苦、怨憎会苦、所求不得苦。生饿鬼中，受饥渴苦。生畜生中，无明黑暗，有断头苦。生地狱中，受种种苦。欲得远离如是诸苦，是故安住修三福处，愿求天王、转轮圣王，或欲主领一四天下，乃至主领四四天下。如是痴人，食一切众生。是众生等，复当还食如是痴人。如是展转，行于生死，不可得量。梵志，如是梦者，即是久受生死之相貌也。

　　"'梵志，汝梦所见，有诸人等，须曼那华以作璎珞，载小弊车，驾以水牛，于不正道南向驰走。梵志，即是安住于三福事，能自调伏，令得寂静，向声闻乘者之相貌也。'

　　于是，下面宝海转劝国王无诤念，

　　"善男子，尔时宝海梵志白转轮王言：'大王当知，人身难得，王今已得，成就无难。诸佛世尊，出世甚难，过优昙华。发善欲心，及作善愿，乃复甚难。大王今者，若愿天人，即是苦本。若欲得主一四天下，及二、三、四，亦是苦本，轮转生死。大王，若生人天，皆是无常，无决定相，犹如疾风。其人贪乐于五欲中，心不厌足，犹如小儿见水中月。若有愿求在天人中，受放逸乐，其人数数堕于地狱，受无量苦。若生人中，受爱别离苦、怨憎会苦。若生天上，有退没苦。当复数数有受胎苦，复有种种互相食啖、夺命之苦。痴如婴儿，心不知厌。何以故？离善知识故，不作正善愿故，不行精进故，应得者不得故，应解者不解故，应证者不证故，痴如婴儿，无所识别。唯菩提心，能离诸苦，无有遗余，而反生厌。世间生死，数数受苦，而更甘乐，遂令诸苦转复增长。大王，今当思惟生死，有如是等种种诸苦。大王今者，已供养佛，已种善根，是故于三宝中，应生深信。大王当知，先所供养佛世尊者，即是来世大富之因。爱护禁戒，即是来世人天中因。今者听法，即是来世智慧因也。

大王今者，已得成就如是等事，便应发阿耨多罗三藐三菩提心。'

国王仍不觉悟，

"时王答言：'梵志，我今不用如是菩提。我心今者爱乐生死，以是缘故布施、持戒、听受妙法。梵志，无上菩提甚深难得。'

"是时梵志复白大王：'是道清净，应当一心具足愿求。是道无浊，心清净故。是道正直，无谄曲故。是道鲜白，离烦恼故。是道广大，无障碍故。是道含受，多思惟故。是道无畏，不行诸恶故。是道大富，行檀波罗蜜故。是道清净，行尸波罗蜜故。是道无我，行羼提波罗蜜故。是道不住，行毗梨耶波罗蜜故。是道不乱，行禅波罗蜜故。是道善择，行般若波罗蜜故。是道乃是真实智慧之所至处，行大慈故。是道不退，行大悲故。是道欢喜，行大喜故。是道坚牢，行大舍故。是道无刺棘，常远离欲恚恼觉故。是道安隐，心无障碍故。是道无贼，善分别色、声、香、味、触故。是道坏魔，善分别阴、入、界故。是道离魔，断诸结故。是道妙胜，离声闻、缘觉所思惟故。是道遍满，一切诸佛所受持故。是道珍宝，一切智慧故。是道明净，智慧光明无障碍故。是道善说，为善知识之所护故。是道平等，断爱憎故。是道无尘，离恚秽忿怒故。是道善趣，离一切不善故。大王，是道如是，能到安乐之处，乃至涅槃，是故应发阿耨多罗三藐三菩提心。'

国王还是不觉悟，但有所妥协，

"尔时转轮圣王答大臣言：'梵志，今者如来出现于世，寿八万岁，其命有限，不能悉为一切众生断诸恶业，令种善根，种善根已，安置圣果，或得陀罗尼三昧忍辱，或得菩萨胜妙善根，诸佛授记得阿耨多罗三藐三菩提。或少善根，于天人中受诸快乐，是诸众生各各自受善、不善报。梵志，于众生中乃至一切人，无善根者，如来不能说断苦法。如来世尊虽为福田，无善根者，不能令断诸苦恼法。梵志，我今发阿耨多罗三藐三菩提心。我行菩萨道时，修集大乘，入于不可思议法门，教化众生而作佛事，终不愿于五浊之世秽恶国土发菩提心。我今行菩萨道，愿成阿耨多罗三藐三菩提时，世界众生无诸苦恼。若我得如是佛刹者，尔乃当成阿耨多罗三藐三菩提。'

宝藏佛开始以图象显示。

"善男子，尔时宝藏多陀阿伽度阿罗诃三藐三佛陀，即入三昧，其三昧名见种种庄严。入三昧已，作神足变化，放大光明。以三昧力故，现十方世界，一一方面，各千佛刹微尘数等诸佛世界，种种庄严。或有世界，佛已涅槃。或有世界，佛始涅槃。或有世界，其中菩萨始坐道场，菩提树下降伏魔怨。或有世界，佛始成道，便转法轮。或有世界，佛久成道，方转法轮。或有世界，纯诸菩萨摩诃萨等，遍满其国，无有声闻、缘觉之名。或有世界，佛说声闻、辟支佛乘。或有世界，无佛、菩萨、声闻、缘觉。或有世界，五浊弊恶。或有世界，清净微妙，无诸浊恶。或有世界，卑陋不净。或有世界，严净妙好。或有世界，寿命无量。或有世界，寿命短促。或有世界，有大火灾。或有世界，有大水灾。或有世界，有大风灾。或有世界，劫始欲成。或有世界，成就已竟。有如是等无量世界。微妙光明，悉皆遍照，令得显现。尔时大众，悉见如是等无量清净诸佛世界，种种庄严。

"时宝海梵志白转轮王：'大王今者已得见此诸佛世界种种庄严，是故今应发阿耨多罗三藐三菩提心，随意欲求何等佛土。'

国王还不开窍，直接向佛质询，

"善男子，时转轮王向佛叉手，而白佛言：'世尊，诸菩萨等，以何业故，取清净世界？以何业故，取不净世界？以何业故，寿命无量？以何业故，寿命短促？'

"佛告圣王：'大王当知，诸菩萨等，以愿力故，取清净土，离五浊恶。复有菩萨，以愿力故，求五浊恶。'

国王面临重大决定，要回去专门思惟考虑下决心，注意"思惟"这个细节，与将来的造型辨识有关！

"尔时圣王前白佛言：'世尊，我今还城，于闲静处，专心思惟，当作誓愿，如我所见佛土相貌，离五浊恶，愿求清净庄严世界。'

"佛告圣王：'宜知是时。'

可要掌握时机啊！

"善男子，时转轮王头面礼佛，及比丘僧，右绕三匝，即退而去。便还入城，到所住处自宫殿中，在一屏处，一心端坐，思惟修习（图27、28、29），种种庄严己佛世界。

宝海转而启发国王的儿子们，

"善男子，时宝海梵志次白太子不眴：'善男子，汝今亦当发于阿耨多罗三藐三菩提心。如汝所行三福处者，所谓布施、调伏、善摄身口，及余所行清净善业，尽应和合回向阿耨多罗三藐三菩提。'

"尔时太子作如是言：'我今先应还至宫殿，在一屏处，端坐思惟。若我必能发阿耨多罗三藐三菩提心者，我当还来至于佛所，当于佛前，毕定发心，愿取种种净妙佛土。'尔时太子头面礼佛，及比丘僧，右绕三匝，即退而去。至本宫殿，在一屏处，一心端坐，思惟修习，种种庄严己佛世界。

"善男子，尔时梵志复白第二王子，作如是言：'善男子，汝今当发阿耨多罗三藐三菩提心。'如是圣王千子，皆悉教化，令发阿耨多罗三藐三菩提心。尔时梵志复教化八万四千诸小王等，及余九万二千亿众生，令发阿耨多罗三藐三菩提心。一切大众，皆作是言：'梵志，我等今当各各还至所住之处，在一静处，一心端坐，思惟修习，种种庄严己佛世界。'如是大众，一心寂静，于七岁中，各各于己本所住处，一心端坐，思惟修习，种种庄严己佛世界。

下面讲宝海得到天、龙、鬼神、阿修罗、乾闼婆、紧那罗、摩睺罗伽、夜叉、罗刹、拘办荼帮助，供养如是大众。（略）

悲华经卷第二

悲华经 卷第三

大施品 第三 之二（故事续前）

（略）

"尔时大众悉皆遍满此间，三千大千世界无空缺处。善男子，尔时宝海梵志复作是念：'我今已得教化百亿毗沙门天王乃至百亿大梵天王，而我今者，所有誓愿，已得自在。'复作是念：'若我来世必成阿耨多罗三藐三菩提，逮得己利所愿成就者。

图 27 转轮王思惟像　阿富汗斯瓦特地区

图 28 转轮王思惟像　日本松冈博物馆藏

图 29 转轮王思惟像　悲华经石雕（局部）

愿佛世尊为诸大众，示现种种神足变化。以神力故，令此三千大千世界所有畜生饿鬼地狱及世人等，悉皆得离一切苦恼，纯受诸乐。各于一一众生之前，有一化佛劝彼众生，令发阿耨多罗三藐三菩提心。'

以上宝海唤来所有者，于是宝藏佛开始动作。

"善男子，尔时宝藏如来，寻知宝海心之所念，即时入于无热三昧。尔时世尊入是三昧已，示现如是神足变化。一一毛孔放于无量无边光明，其光微妙，遍照三千大千世界及照地狱，冰冻众生，遇之则温；热恼众生，遇之则凉；饥渴众生遇之则饱，受最妙乐。一一众生，各于其前有一化佛，三十二相，璎珞其身，八十种好，次第庄严。（略）

七年中，

"善男子，尔时梵志于七岁中教化不可计天，令其毕定住于阿耨多罗三藐三菩提。复令不可计龙、阿修罗、乾闼婆、罗刹、拘槃荼、毗舍遮、饿鬼、畜生、地狱及人，毕定住于阿耨多罗三藐三菩提。

"善男子，尔时梵志过七岁已，以八万四千金轮惟除天轮，八万四千白象七宝庄严惟除象宝，乃至八万四千种种诸乐，如是等物，欲以奉献佛及众僧。

"尔时转轮圣王，于七岁中，心无欲欲，无嗔恚欲，无愚痴欲，无憍慢欲，无国土欲，无儿息欲，无玉女欲，无食饮欲，无衣服欲，无华香欲，无车乘欲，无睡眠欲，无想乐欲，无有我欲，无有他欲，如是七岁，乃至无有一欲之心，常坐不卧，无昼夜想，无疲极想，亦复无声、香、味、触、想，而于其中常见十方一一方面，如万佛土微尘数等。诸佛世界，清净庄严。不见须弥及诸小山大小铁围二山中间幽冥之处，日月星辰诸天宫殿，其所见者，惟见清净庄严佛土。见是事已，随愿取之。如转轮圣王于七岁中得受快乐，见于清净种种庄严诸佛世界，愿取上妙清净佛土，转轮圣王太子不瞬，乃至千子、八万四千诸小王等，及九万二千亿众生等，各七岁中，心无欲欲。乃至无有香、味、触、想。各于静处入定思惟，亦得见于十方世界一一方面，如万佛土微尘数等，诸佛世界所有庄严，不见须弥及诸小山大小铁围二山中间幽冥之处，日月星辰诸天宫殿。其所见者惟见清净庄严佛土，如其所见随而取之。如是一切诸大众等，于七岁中各得修行种种法门，或愿清净佛土，或愿不净佛土。

七年后，决定性的时刻到来，仪式开始。

"善男子，尔时梵志过七岁已，持诸七宝奉献于佛及比丘僧，向佛合掌前白佛言：'世尊，我已劝化转轮圣王，发阿耨多罗三藐三菩提心，还至住处，静坐思惟，乃至不听一人令入。我复劝化其王千子，发阿耨多罗三藐三菩提心，是诸王子亦各还至所住之处，静坐思惟，乃至不听一人令入。八万四千小王、九万二千亿众生等，亦发阿耨多罗三藐三菩提心，各在静处端坐思惟，乃至不听一人令入。世尊，今当令是转轮王等，从三昧起来至佛所，及我先所教化令发阿耨多罗三藐三菩提心者，悉令集此佛世尊所，一心端坐，受于清净佛之世界，不退转于阿耨多罗三藐三菩提。从佛授记已，当取国土及名姓字。'

"善男子，尔时宝藏如来即入三昧王三昧。入是三昧已，于其口中出种种色光，青黄赤白紫，如转轮王在定中者，各于其前有化梵王，作如是言：'汝等今者可从定起至于佛所，见佛世尊及比丘僧，礼拜、围绕、恭敬、供养、尊重、赞叹。汝等当知，宝海梵志于七岁中作法会竟，今佛世尊复当游行诸余国土。'时转轮王等闻是言已，寻从定起。尔时诸天在虚空中作诸伎乐。是时圣王即便严驾，与其千子、八万四千诸小王等九万二千亿人，前后导从，出安周罗城向阎浮园。既到园外，如法下车，步至佛所，头面礼佛及比丘僧，却坐一面。

88

"善男子，尔时梵志白圣王言：'惟愿大王，持此宝物并及大王先于三月，供养如来及比丘僧种种珍宝。八万四千安周罗城。如是福德，今应回向阿耨多罗三藐三菩提。其王千子、八万四千诸小王等九万二千亿人，皆悉教令回向阿耨多罗三藐三菩提。'复作是言：'大王当知，以此布施不应求于忉利天王大梵天王。何以故？王今福报所有珍宝，皆是无常、无决定相，犹如疾风。是故应当以此布施所得果报，令心自在，速成阿耨多罗三藐三菩提，度脱无量无边众生令入涅槃。'

悲华经
诸菩萨本授记品 第四 之一（故事续前）

　　"尔时宝藏如来复作是念：'如是等无量众生，已不退转于阿耨多罗三藐三菩提。我今当与各各授记，并为示现种种佛土。'尔时世尊即入三昧。其三昧名不失菩提心。以三昧力故，放大光明，遍照无量无边世界。皆悉令是转轮圣王，及无量众生等，见无边诸佛世界。尔时十方无量无边诸余世界，其中各各有大菩萨，蒙佛光故，以佛力故，各各悉来至于佛所。以己所得神足变化，供养于佛及比丘僧。头面礼足右绕三匝，坐于佛前欲听如来为诸菩萨受佛记莂。

　　"善男子，尔时宝海梵志复白圣王：'大王，今可先发誓愿取妙佛土。'

国王开始发愿，

　　"善男子，尔时圣王闻是语已，即起合掌长跪向佛前，白佛言：'世尊，我今真实欲得菩提，如我先于三月之中以诸所须，供养于佛及比丘僧。如是善根，我今回向阿耨多罗三藐三菩提，终不愿取不净佛土。世尊，我先已于七岁之中，端坐思惟种种庄严清净佛土。世尊，我今发愿令我得成阿耨多罗三藐三菩提。时世界之中，无有地狱、畜生、饿鬼。一切众生命终之后，令不堕于三恶道中。世界众生，皆作金色。人天无别，皆得六通。以宿命通，乃至得知百千万亿那由他劫宿世之事。以清净天眼，悉见百千亿那由他十方世界，亦见其中在在处处现在诸佛说微妙法。以清净天耳，悉闻百千亿那由他十方世界现在诸佛说法之声。以他心智故，知无量无边亿那由他十方世界众生之心。以如意通故，于一念中，遍于百千亿那由他诸佛世界，周旋往返，令是众生悉解无我及无我所，皆得不退于阿耨多罗三藐三菩提。愿我世界无有女人及其名字。（！！）一切众生，等一化生，寿命无量，除其誓愿。无有一切不善之名，世界清净，无有臭秽。常有诸天微妙之香，皆悉充满。一切众生，皆悉成就三十二相而各璎珞。所有菩萨，皆是一生除其誓愿。愿我此界所有众生，于一食顷，以佛力故，遍至无量无边世界。见现在佛，礼拜围绕，以其所得神足变化，供养于佛。即于食顷还至本土，而常讲说佛之法藏。身得大力，如那罗延。世界所有庄严之事，乃至得天眼者不能尽说。所有众生，皆得四辩。一一菩萨所坐之树，枝叶遍满一万由旬。世界常有净妙光明，悉令他方无量佛土，种种庄严而于中现。所有众生，乃至成阿耨多罗三藐三菩提。不行不净常为其余一切诸人及非人之所恭敬供养尊重，乃至成阿耨多罗三藐三菩提，而于其中常得六根清净。即于生时得无漏喜受于快乐，自然成就一切善根。寻于生时，着新袈裟便得三昧，其三昧名善分别。以三昧力，遍至无量诸佛世界见现在佛，礼拜围绕恭敬供养尊重赞叹，乃至成阿耨多罗三藐三菩提。于此三昧无有退失。所有菩萨如其所愿，各自庄严修净妙土。于七宝树中悉皆遥见诸佛世界一切众生，寻于生时得遍至三昧。以三昧力故，常见十方无量无边诸世界中现在诸佛，乃至成阿耨多罗三藐三菩提，终不退失。愿令我界所有众生，皆得宫殿、衣服、璎珞种种庄严，犹如第六化自在天。世界无有山陵堆阜大小铁围须弥大海，亦无阴盖及诸障阂烦恼之声。无三恶道八难之名。无有受苦之名及不苦不乐名。世尊，我今所愿如是，欲得如是严净佛土。世尊，我于来世便当久久行菩萨道，要得成就如是清净佛土。世尊，我于来世作是希有事已，然后乃成阿耨多罗三藐三菩提。世尊，我成阿耨多罗三藐三菩提时，菩提树级广正等一万由旬，于此树下坐道场时，于一念中成阿耨多罗三藐三菩提。成阿耨多罗三藐三菩提已，光明照于无量无边百千亿那由他诸佛世界，令我寿命无量无边百千亿那由他劫无能知者。除一切智，令我世界无有声闻辟支佛乘。所有大众纯诸菩萨，无量无边无能数者，除一切智。愿我成阿耨多罗三藐三菩提已，令十方诸佛称扬赞叹我之名字。愿我成阿耨多罗三藐三菩提已，无量无边阿僧祇余佛世界，所有众生闻我名者，修诸善本欲生我界。愿其舍命之后，必定得生惟除五逆诽谤圣人废坏正法。愿我成阿耨多罗三藐三菩提已，其余无量无边阿僧祇诸佛世界所有众生，若发阿耨多罗三藐三菩提，修诸菩提欲生我界者，临终之时，我时当与大众围绕现其人前。其人见我即于我所得心欢喜，以见我故，离诸障阂即便舍身来生我界。愿我成阿耨多罗三藐三菩提已，诸菩萨摩诃萨所未闻法欲从我闻者，如其所愿悉令得闻。愿我成阿耨多罗三藐三菩提已，其余无量无边阿僧祇世界，在在处处诸菩萨等闻我名者，即得不退转于阿耨多罗三藐三菩提。得第一忍第二第三有愿欲得陀罗尼及诸三昧者，如其所愿必定得之，乃至成阿耨多罗三藐三菩提无有退失。我灭度后过诸算数劫已，有无量无边阿僧祇世界，其中菩萨闻我名字，心得净信第一欢喜，悉礼拜我叹未曾有，是佛世尊为菩萨时已作佛事，久久乃成阿耨多罗三藐三菩提。彼诸菩萨得最第一信心欢喜已，必定当得第一初忍第二第三。有愿欲得陀罗尼门及诸三昧者，如其所愿悉皆得之，乃至成阿耨多罗三藐三菩提无有退失。我成阿耨多罗三藐三菩提已，其余无量无边阿僧祇世界，有诸女人闻我名者，即得第一信心欢喜，发阿耨多罗三藐三菩提心，乃至成佛终不复受女人之身。愿我灭度已，虽经无量无边阿僧祇劫，有无量无边阿僧祇佛刹。其中女人闻我名者，即得第一信心欢喜，发阿耨多罗三藐三菩提心，乃至成佛终不复受女人之身。世尊，我之所愿，如是佛土，如是众生。世尊，若世界清净，众生如是者，然后乃成阿耨多罗三藐三菩提。'

以上是转轮王无诤念的发愿。下面是宝藏佛为转轮王改名，并告诉转轮王成佛前的历届佛，及转轮王成佛时的称号，

"善男子，尔时宝藏如来语转轮王言：'善哉善哉，大王，今者所愿甚深，已取净土，是中众生其心亦净。大王，汝见西方过百千万亿佛土，有世界名尊善无垢，彼界有佛名尊音王如来应供正遍知明行足善逝世间解无上士调御丈夫天人师佛世尊，今现在为诸菩萨说于正法。彼界无有声闻、辟支佛名，亦无有说小乘法者，纯一大乘清净无杂（由此强调，可知此经制造时期）。其中众生等一化生，亦无女人及其名字。彼佛世界，所有功德，清净庄严，悉如大王所愿。无量种种庄严佛之世界等无差别，悉已摄取无量无边调伏众生。今改汝字为无量清净。

"尔时世尊便告无量清净，彼尊音王佛过一中劫当般涅槃。般涅槃已，正法住世，满十中劫，正法灭，已过六十中劫。彼土转名弥楼光明，当有如来出现于世，号不可思议功德王如来应供正遍知明行足善逝世间解无上士调御丈夫天人师佛世尊。是佛犹如尊音王如来，世界庄严如尊善无垢，等无有异。其佛寿命，六十中劫，佛灭度已，正法住世，六十中劫。正法灭已，过千中劫。是时，世界故名尊善无垢，复有佛出，号宝光明如来应供正遍知明行足善逝世间解无上士调御丈夫天人师佛世尊。世界所有寿命多少，正法住世亦如不可思议功德王佛，等无有异。正法灭已，是时，世界转名善坚，复有佛出，号宝尊音王如来应供正遍知明行足善逝世间解无上士调御丈夫天人师佛世尊。世界庄严，如前无异。佛寿三十五中劫，佛灭度后，正法住世满七中劫。正法灭已，复有无量无边诸佛次第出世。所有世界、寿命、正法，悉亦如是。我今皆见，如是诸佛始初成道及其灭度。是时，世界常住不异，无有成败。大王，如是诸佛，悉灭度已，复过一恒河沙等阿僧祇劫，入第二恒河沙等阿僧祇劫。是时，世界转名安乐。汝于是时，当得作佛号无量寿如来应供正遍知明行足善逝世间解无上士调御丈夫天人师佛世尊。

从这里我们知道，由于转轮王无诤念发愿往生净土，发愿寿命永存（图30），宝藏佛许他将来成为无量寿佛 Amitayus。在《大阿弥陀经》中无

图 30 转轮王宫中图　印度阿旃陀石窟 1 号窟壁画

　　转轮王在宫中过着奢华的生活，裸体婇女们侍候他沐浴。转轮王拈起一根白发，叹生命之短暂。壁画的作者将寿命永存的欲望处理成发现白发的一瞬间。

量寿佛又译为阿弥陀佛 Amitabha、无量光佛 Amitabha、无边光佛、无碍光佛、无对光佛、炎光佛、清静光佛、欢喜光佛、智慧光佛、不断光佛、难思光佛、难称光佛、超日月光佛。中国民间长久以来称颂的阿弥陀佛，西方净土的主佛，即是无量寿佛。后来的净土宗告诉信众，念诵阿弥陀佛佛号，即可往生西天净土。

"是时圣王闻是语已，前白佛言：'世尊，如是等辈当成佛者，为在何处？'
"佛告大王：'如是菩萨，今在此会，其数无量，不可称计。悉从十方余佛世界而来集此，供养于我听受妙法。是诸菩萨，已从过去诸佛，授阿耨多罗三藐三菩提记；复从现在十方诸佛，授阿耨多罗三藐三菩提记。是故，先成阿耨多罗三藐三菩提。大王，是诸菩萨，已曾供养无量无边百千万亿那由他佛，种诸善根，修集智慧。大王以是之故，是诸菩萨在于汝前，成阿耨多罗三藐三菩提。'
"时转轮王复白佛言：'世尊，是宝海梵志，乃能劝我及诸眷属，发阿耨多罗三藐三菩提心。是梵志于未来世，为经几时，当成阿耨多罗三藐三菩提？'
"佛告大王：'是梵志成就大悲故，于未来世师子吼时，汝自知之。'
"时转轮王复白佛言：'世尊，若我所愿，成就如佛所记者，我今头面礼佛，当令十方如恒河沙等世界六种震动。其中诸佛，亦当为我授阿耨多罗三藐三菩提记。'
"善男子，尔时无量净王作是语已，寻于佛前，头面着地。尔时十方如恒河沙等诸佛世界六种震动。是中诸佛，即与授记，作如是言：'删提岚界，善持劫中人，寿八万岁。有佛出世，号曰宝藏。有转轮圣王，名无量净，主四天下，三月供养宝藏如来及比丘僧。以是善根故，过一恒河沙等阿僧祇劫已，始入第二恒河沙阿僧祇劫，当得作佛号无量寿，世界名安乐。常身光照，纵广周匝十方，各如恒河沙等诸佛世界。'尔时宝藏如来，即为大王说此偈言：
（中略）
"善男子，尔时转轮圣王闻是偈已，心生欢喜，即起合掌前礼佛足，去佛不远复坐听法。

以上是转轮王无诤念明确知道自己会成为未来佛，即无量寿佛。

"善男子，尔时宝海梵志，复白圣王第一太子不眴言：'善男子，持此宝物并及先所于三月中，供养如来及比丘僧种种珍宝。如是福德和合集聚，回向阿耨多罗三藐三菩提。'（中略）是时太子闻是语已，答梵志言：'我今观于地狱众生多诸苦恼，人天之中，或有垢心。以垢心故，数数堕于三恶道中。复作是念：是诸众生，以坐亲近、恶知识故，退失正法，堕大暗处，尽诸善根摄取种种诸邪见等，以覆其心，行于邪道。（转向宝藏佛）世尊，今我以大音声告诸众生：我之所有一切善根，尽回向阿耨多罗三藐三菩提！愿我行菩萨道时，若有众生受诸苦恼恐怖等事，退失正法堕大暗处，忧愁孤穷，无有救护，无依无舍，若能念我，称我名字，若其为我天耳所闻天眼所见，是众生等，若不得免斯苦恼者，我终不成阿耨多罗三藐三菩提！'复白佛言：'世尊，我今复当为众生故，发上胜愿！（中略）惟愿世尊为我授记！今我一心请于十方如恒河沙等现在诸佛，惟愿各各为我授记！'善男子，尔时宝藏佛寻为授记：'善男子，汝观天人及三恶道一切众生，生大悲心，欲断众生诸苦恼故，欲断众生诸烦恼故，欲令众生住安乐故，善男子，今当字汝为观世音。善男子，汝行菩萨道时，已有百千无量亿那由他众生，得离苦恼。汝为菩萨时，已能大作佛事。（中略）于第二恒河沙等阿僧祇劫后分之中，当得作佛号遍出一切光明功德山王如来。（中略）

我们依此得知，观世音菩萨，或我们简称的观音菩萨，来源于转轮王无诤念的太子不眴。

以下是宝海梵志再劝国王其他诸子发愿，我略去相同的过程。

之后宝海梵志再劝第二王子尼摩，尼摩于是发愿，宝藏佛为他改名为得大势，即我们现在常称说的大势至菩萨。宝藏佛又许他将来成善住珍宝山王佛。

之后宝海梵志再劝第三王子王众，王众于是发愿，宝藏佛为他改名为文殊师利，即我们现在常称说的文殊菩萨。宝藏佛又许他将来成普现佛。

悲华经卷第三

悲华经 卷第四

诸菩萨本授记品 第四 之二（故事续前）

之后宝海梵志再劝第四王子能伽奴，能伽奴于是发愿，宝藏佛为他改名金刚智慧光明功德，又许他将来成普贤佛，注意，是普贤佛，而不是普贤菩萨。

之后宝海梵志再劝第五王子无所畏，无所畏于是发愿，宝藏佛为他改名虚空印，又许他将来成莲华尊佛。

现在，我们应该知道了，我们读《悲华经》开始的部分，正是虚空印菩萨成莲花尊佛的时候，那是"果"，这里讲到的是"因"。如果我们定《悲华经》为现在进行时，同时发生的虚空印菩萨成莲花尊佛事件就是现在完成时。而释迦牟尼讲述的这个故事，是过去时。《悲华经》的时态运用，是很清楚的，但是中译文对时态的表达，多是意会，如果我们不小心，就会搞乱。好，我们继续看下去。

之后宝海梵志再劝第六王子虚空，虚空十是发愿，宝藏佛为他改名虚空日光明，将来成佛为法自在丰王佛。

之后宝海梵志再劝第七王子善臂，善臂于是发愿，宝藏佛为他改名师子香，将来成佛为光明无垢坚香丰王佛。

之后宝海梵志再劝第八王子泯图，泯图于是发愿，宝藏佛为他改名普贤，即我们现在常称说的普贤菩萨，将来成佛为智刚吼自在相王佛。（注意与第四王子的区别）

这时，在道场中的其他人等不及了，释迦牟尼接着说下去，

"善男子，尔时会中有十千人心生懈怠，异口同音作如是言：'世尊，我等来世，即于如是严净佛土，成阿耨多罗三藐三菩提，所谓普贤菩萨所修清净诸世界也！世尊，我等要当具足修六波罗蜜。以具足六波罗蜜故，各各于诸佛土成阿耨多罗三藐三菩提！'善男子，尔时宝藏如来即便为是十千人等，授阿耨多罗三藐三菩提记：'善男子，普贤菩萨成阿耨多罗三藐三菩提时，汝等当于普贤菩萨所修清净万佛土中，一时成阿耨多罗三藐三菩提。有一千佛同号智炽尊音王如来应供正遍知明行足善逝世间解无上士调御丈夫天人师佛世尊。复有千佛同号增相尊音王。复有千佛同号善无垢尊音王。复有千佛同号离怖畏尊音王。复有千佛同号善无垢光尊音王。复有千五百佛同号日音王。复有五百佛同号日宝藏尊王。复有五佛同号乐音尊王。复有二佛同号日光明。复有四佛同号龙自在。复有八佛同号离恐怖称王光明。复有十佛同号离音光明。复有八佛同号音声称。复有十一佛同号显露法音。复有九佛同号功德法称王。复有二十佛同号不可思议王。复有四十佛同号宝幢光明尊王。复有一佛号觉知尊想王。复有七佛同号不可思议音。复有三佛同号智藏。复有十五佛同号智山幢。复有五十佛同号智海王。复有三十佛同号大力尊音王。复有二佛同号山功德劫。复有八十佛同号清净智勤。复有九十佛同号尊相种王。复有百佛同号善智无垢雷音尊王。复有八十佛同号胜尊大海功德智山力王。复有四十佛同号无上菩提尊王。复有二佛同号智觉山华王。复有二佛同号功德山智觉。复有三佛同号金刚师子。复有二佛同号持戒光明。复有二佛同号示现增益。复有一佛号无量光明。复有三佛同号师子游戏。复有二佛同号无尽智山。复有二佛同号宝光明。复有二佛同号无垢智慧。复有九佛同号智慧光明。复有二佛同号师子称。复有二佛同号功德通王。复有二佛同号雨法华。复有一佛号造光明。复有一佛号增益山王。复有一佛号出法无垢王。复有一佛号香尊王。复有一佛号无垢目。复有一佛号大宝藏。复有一佛号力无障阂王。复有一佛号自知功德力。复有一佛号衣服知足。复有一佛号得自在。复有一佛号无障阂利益。复有一佛号智慧藏。复有一佛号大山王。复有一佛号日力藏。复有一佛号求功德。复有一佛号华幢枝。复有一佛号众光明。复有一佛号无痛功德王。复有一佛号金刚上。复有一佛号日法相。复有一佛号尊音王。复有一佛号坚持金刚。复有一佛号珍宝自在王。复有一佛号坚自然幢。复有一佛号山劫。复有一佛号雨娱乐。复有一佛号增益善法。复有一佛号娑罗王。复有二佛同号功德遍满大海功德王。复有一佛号智慧和合。复有一佛号智炽。复有一佛号华众。复有一佛号世间尊。复有一佛号优昙钵华幢。复有一佛号法幢自在王。复有一佛号栴檀王。复有一佛号善住。复有一佛号精进力。复有一佛号幢等光明。复有一佛号日智步。复有一佛号日海幢。复有一佛号灭法称。复有一佛号坏魔王。复有一佛号众光明。复有一佛号出智光明。复有一佛号日慧灯。复有一佛号安隐王。复有一佛号日智音。复有一佛号幢摄取。复有一佛号天金刚。复有一佛号种种庄严王。复有一佛号无胜智。复有一佛号善住意。复有一佛号月王。复有一佛号无胜步自在王。复有一佛号娑怜陀王。复有八十佛同号师子步王。复有五十佛同号那罗延无胜藏。复有七十佛同号聚集珍宝功德。复有三十佛同号光明藏。复有二十佛同号分别星宿称王。复有二佛同号功德力娑罗王。复有九十佛同号微妙音。复有一佛号日梵增。复有一佛号提头赖吒王。复有千佛同号莲华香择称尊王。复有六十佛同号光明炽渚王。复有三十佛同号莲华香力增。复有二佛同号无量功德大海智增。复有一佛号阎浮阴。复有一百二佛同号功德山幢。复有一佛号师子相。复有一百一佛同号龙雷尊华光明王。复有一佛号善趣种无我甘露功德王劫。复有千佛同号离法智龙王解脱觉世界海眼山王。皆有十号如来应正遍知明行足善逝世间解无上士调御丈夫天人师佛世尊。如是等佛同共一日一时，各各于诸世界成阿耨多罗三藐三菩提。寿命各十中劫，卿等涅槃亦同一日。般涅槃已所有正法七日即灭。'（中略）

之后宝海梵志再劝第九王子蜜苏，蜜苏于是发愿，宝藏佛为他改名阿閦，将来成佛为阿閦佛。

值得注意的是我略去的蜜苏发愿，其中有关女性的部分再提出来看

94

看：

> ……世尊，愿我菩提之树纯是七宝高千由旬，树茎周匝满一由旬，枝叶纵广满千由旬。常有微风吹菩提树，其树则出六波罗蜜根力觉道微妙之声。若有众生闻此妙声，一切皆得离于欲心。所有女人成就一切诸妙功德，犹如兜术天上天女。无有妇人诸不净事：两舌、悭嫉、嫉妒覆心。不与男子漏心交通。若诸男子发淫欲心，至女人所，以爱心视，须臾之间便离欲心，自生厌离，即便还去，寻得清净无垢三昧。以三昧力，故于诸魔缚而得解脱，更不复生恶欲之心。如是女人若见男子有爱欲心，便得妊身，亦得离于淫欲之想。当妊身时，若怀男女，身心无有诸苦恼事，常受快乐，如忉利天人身心所受上妙快乐。女人怀妊七日七夜，所受快乐，亦复如是。亦如比丘入第二禅。处胎男女，不为一切不净所污，满足七日，即便出生。当其生时受诸快乐，有微妙音。女人产时，亦无诸苦，如是母子俱共入水，洗浴其身。是时女人得如是念，以念力故，寻得离欲清净三昧。以三昧力故，其心常定，于诸魔缚而得解脱。若有众生宿业成就，应无量世作女人身。以定力故，得离女身，乃至涅槃。一切女业，永灭无余，更不复受。或有众生宿业成就于无量亿劫，应处胞胎受苦恼者。愿我成阿耨多罗三藐三菩提已，闻我名字，即生欢喜。生欢喜已，寻便命终，处胎即生我之世界，寻于生已，所受胎分，永尽无余，乃至成阿耨多罗三藐三菩提，更不受胎。或有众生多善根者，寻便得来至我世界莲华中生。或有众生少善根者，要当处胎，或受女人而生我界，然后乃得永尽胎分。所有众生，一向纯受微妙快乐。微风吹此金多罗树，出微妙声，所谓苦空无我无常等声，闻是声者皆得光明三昧。以三昧力故，得诸空定甚深三昧。世界无有淫欲相声……

悲华经卷第四

悲华经 卷第五

诸菩萨本授记品 第四 之三（故事续前）

之后宝海梵志再劝第十王子软心，软心于是发愿，宝藏佛为他改名香手，将来成佛为金华佛。

之后宝海梵志再劝第十一王子蒡伽奴，蒡伽奴于是发愿，宝藏佛为他改名宝相，将来成佛为龙自在尊音王。

之后宝海梵志再劝其余九百八十九个王子，他们都发了愿，宝藏佛都许他们将来成佛。

到此为止，我们应该明白，佛，菩萨，都出身于王室。因此，菩萨造型上的冠和璎珞，是王室才有的象征和饰物，而佛，则只披袈裟或称法衣。

之后，宝海梵志开始督促自己的儿子们发愿：

> "善男子，尔时宝海梵志有八十子，即是宝藏如来之兄弟也，其最长子名海地尊。善男子，尔时宝海梵志告其长子言：'汝今可取微妙清净庄严佛土。'其子答言：'惟愿尊者先师子吼。'其父（宝海）告言：'我之所愿，当最后说。'其子复言：'我今所愿，当取清净不清净耶？'父复答言：'若有菩萨成就大悲，尔乃取于不清净世界。

何以故？欲善调伏众生垢故。如是之事，汝自知之。'善男子。尔时海地尊至宝藏如来所，在于佛前，白佛言：'世尊，我愿阿耨多罗三藐三菩提。若人有寿八万岁时，如今佛世尔乃成阿耨多罗三藐三菩提。我今又愿令我国土所有众生，薄淫恚痴厌离身心。怖畏生死见其过患，来至我所出家学道。我于尔时为诸众生说三乘法。世尊，若我所愿成就得己利者，惟愿世尊授我阿耨多罗三藐三菩提记。'尔时宝藏如来告海地尊言：'善男子，未来之世过一恒河沙等阿僧祇劫，入第二恒河沙等阿僧祇劫。是时有劫名曰遍敷优钵罗华，此佛世界当名愿爱。是时人民寿八万岁，汝于是中成阿耨多罗三藐三菩提，号曰宝山如来应正遍知明行足善逝世间解无上士调御丈夫天人师佛世尊。'尔时海地尊复作是言：'世尊，若我所愿成就得己利者，此阎浮园周匝，当雨赤色真珠。一切树木自然皆出微妙技乐。'

"善男子，时海地尊在宝藏佛前头面作礼，当尔之时，其园周匝雨赤真珠。一切树木皆出种种微妙伎乐。尔时宝藏如来即为摩纳而说偈言：（中略）

"善男子，尔时海地尊闻是偈已，心大欢喜，即起合掌，前礼佛足，去佛不远，复坐听法。

"梵志第二子名曰三婆婆，白佛言：'世尊，我今所愿，如海地尊之所愿也。'尔时宝藏如来便告三婆婆言：'未来之世，优钵罗华劫中，愿爱世界，人寿转多八十亿岁。汝当于中得成阿耨多罗三藐三菩提。号曰日华如来应正遍知明行足善逝世间解无上士调御丈夫天人师佛世尊。第三子所得世界，亦复如是，人寿二千岁时，成阿耨多罗三藐三菩提，火音王如来乃至天人师佛世尊。第四成佛号须曼那。第五成佛号持戒王。第六成佛号善持目。第七成佛号梵增益。第八成佛号阎浮影。第九成佛号富楼那。第十成佛号曰胜妙。十一成佛号曰宝山。十二成佛号曰海藏。十三成佛号那罗延。十四成佛号曰尸弃。十五成佛号南无尼。十六成佛号曰觉尊。十七成佛号憍陈如。十八成佛号师子力。十九成佛号曰智幢。二十成佛号音声。二十一成佛号尊胜佛。二十二成佛号离世尊佛。二十三号利益佛。二十四号智光明佛。二十五号师子尊佛。二十六号寂静智佛。二十七号难陀佛。二十八号尼拘罗王佛。二十九号金色目佛。三十号得自在佛。三十一号曰乐佛。三十二号宝胜佛。三十三号善目佛。三十四号梵善乐佛。三十五号梵仙佛。三十六号梵音佛。三十七号法月佛。三十八号示现义佛。三十九号称乐佛。四十号增益佛。四十一号端严佛。四十二号善香佛。四十三号眼胜佛。四十四号善观佛。四十五号摄取义佛。四十六号善意愿佛。四十七号胜慧佛。四十八号金幢佛。四十九号善目佛。五十号天明佛。五十一号净饭佛。五十二号善见佛。五十三号毗琉璃幢佛。五十四号毗楼博叉佛。五十五号梵音佛。五十六号功德成就佛。五十七号有功德净佛。五十八号宝光明佛。五十九号摩尼珠佛。六十号释迦文尼佛。六十一号音尊王佛。六十二号智和合佛。六十三号胜尊佛。六十四号成华佛。六十五号善华佛。六十六号无怒佛。六十七号日藏佛。六十八号尊乐佛。六十九号日明佛。七十号龙得佛。七十一号金刚光明佛。七十二号称王佛。七十三号常光明佛。七十四号相光明佛。七十五号删尼输佛。七十六号智成就佛。七十七号音王佛。七十八号娑罗王那罗延藏佛。七十九号火藏佛。'

之后宝藏佛许宝海梵志最小儿子离怖恼将来成佛为无垢灯出王如来。

再之后，宝藏佛又许宝海梵志的三亿弟子将来成佛的佛号。（后略）

悲华经卷第五

悲华经 卷第六

诸菩萨本授记品 第四之四（故事续前）

宝藏佛最后为宝海梵志的五个仆人也许了佛号。（中略）

到这个时候，所有人里，除了宝海梵志，都被许了菩萨名与佛号。于是，最后，终于轮到宝海梵志发愿了。我们不要忘记，这里仍然是释迦牟尼在讲述。

> 尔时佛告寂意菩萨："善男子，时宝海梵志作是思惟：'我今已劝无量无边百千亿那由他众生，令住阿耨多罗三藐三菩提。我今见是诸大菩萨各各发愿取净佛土，唯除一人婆由毗纽。此贤劫中其余菩萨亦离五浊。我今当于是末世中，以真法味与诸众生。我今当自坚牢庄严，作诸善愿，如师子吼，悉令一切菩萨闻已，心生疑怪，叹未曾有。复令一切大众天龙鬼神乾闼婆阿修罗迦楼罗紧那罗摩睺罗伽人及非人，叉手恭敬供养于我。令佛世尊称赞于我，并授记莂。令十力无量无边在在处处现在诸佛，为诸众生讲说正法。彼诸如来闻我师子吼者，悉赞叹授我阿耨多罗三藐三菩提记，亦遣使来令诸大众悉得见之。我今最后发大誓愿，成就菩萨所有大悲，乃至成阿耨多罗三藐三菩提已。若有众生闻我大悲名者，悉令生于希有之心。若于后时有诸菩萨成就大悲者，亦当愿取如是世界。是世界中所有众生饥虚于法，盲无慧眼具足四流，是诸菩萨当作救护而为说法。我乃至般涅槃已。十方无量无边百千亿诸世界中。在在处处现在诸佛。于诸菩萨大众之中称赞我名。亦复宣说我之善愿。令彼菩萨以大悲勤心。皆专心听闻是事已。心大惊怪叹未曾有。先所得悲皆更增广。如我所愿取不净土。是诸菩萨皆如我于不净世界。成阿耨多罗三藐三菩提。拔出四流众生。安止令住于三乘中乃至涅槃。'

> "善男子，尔时宝海梵志，思惟如是大悲愿已，偏袒右肩至于佛所。尔时复有无量百千万亿诸天，在虚空中作天伎乐，雨种种华，各各同声而赞叹言：'善哉善哉！善大丈夫！今至佛所发奇特愿，欲以智水灭于世间众生烦恼！'尔时一切大众合掌恭敬，在梵志前同声礼敬而赞叹言：'善哉善哉。尊大智慧。我等今者得大利益。能作牢坚诸善愿也。我等今者。愿闻尊意所发善愿。'尔时梵志，在于佛前右膝着地。尔时三千大千世界六种震动。种种伎乐不鼓自鸣。飞鸟走兽相和作声。一切诸树生非时华。三千大千世界之中。因地众生。于阿耨多罗三藐三菩提。若已发心若未发心。惟除地狱饿鬼下劣畜生。其余众生皆悉生于大利益心纯善之心无怨贼心无秽浊心慈希有心。飞行众生寻住于空心生欢喜。散种种华末香涂香。种种伎乐幢幡衣服而以供养。柔软妙音赞咏梵志。皆悉一心欲闻梵志所发善愿。乃至阿迦贰吒天天上诸天亦下阎浮提。在虚空中散种种华末香涂香。种种伎乐幢幡衣服而以供养。柔濡妙音赞咏梵志。精勤一心欲闻梵志所发善愿。尔时宝海梵志叉手恭敬以偈赞佛：

> （中略）

> "善男子，宝海梵志说此偈赞佛已，是时，一切大众皆赞叹言：'善哉善哉！大丈夫！善能赞叹如来法王。'尔时梵志复白佛言：'世尊，我已教化无量亿众，发阿耨多罗三藐三菩提心，是诸众生，已各愿取净妙世界，离不净土，以清净心，种诸善根，善摄众生而调伏之。火鬘摩纳等一千四人，皆悉读诵毗陀外典。如来已为是诸人等，授其记莂，于贤劫中当成为佛。有诸众生，多行贪、淫、嗔、痴、憍、慢，悉当调伏于三乘中，是一千四佛所放舍者。所谓众生厚重烦恼，五浊恶世能作五逆：毁坏正法，诽谤圣人，行于邪见，离圣七财不孝父母，于诸沙门婆罗门所心无恭敬，作不应作，应作不作。不行福事，不畏后世。于三福处无心欲行，不求天上人中果报，勤行十恶趣、三不善、离善知识，不知亲近真实智慧，入于三有生死狱中，随四流流没在灰河。为痴所盲，离诸善业，专行恶业。如是众生，诸佛世界所不容受，是故摈来集此世界。以离善业，行不善业行，于邪道重恶之罪，积如大山。尔时婆婆世界贤劫中人寿命千岁，是一千四佛大悲不成，不取如是弊恶之世，令诸众生，流转生死，犹如机关，无有救护，无所依止，无舍无灯，受诸苦恼而反舍放，各各愿取净妙世界。净土众生，已自善调。其心清净，已种善根，勤行精进，已得供养无量诸佛而更摄取。世尊，是诸人等，为实尔不？'尔时世尊即告梵志：'实如所言善男子，是诸人等，如其所喜，各取种种严净世界。我随其心，已与授记。'

诸位！宝海梵志在上面讲的，直如现世：作不应作，应作不作。不行福事，不畏后世。为痴所盲，离诸善业，专行恶业。以离善业，行不善业行，于邪道重恶之罪，积如大山。宝海梵志于是质问，这难道不是因为千佛前世都发愿往生净土，放舍众生而造成的吗？！宝藏佛不得不承认：实如所言，但我随其心，已与授记。

宝海梵志质问之后，终于开始进入《悲华经》的高潮。此是佛典文学中悲之所故的椎心之作，汉译文字的典范，更是人类语言及道德人格的至高成就之一。罕见罕见！

"尔时梵志复白佛言："世尊，我今心动，如紧花树叶，心大忧愁，身皆憔悴。此诸菩萨虽生大悲，不能取此五浊恶世，今彼诸众生堕痴黑暗。（遗憾！）

""世尊，乃至来世，过一恒河沙等阿僧祇劫，入第二恒河沙等阿僧祇劫，后分贤劫中人寿千岁，我当尔时行菩萨道，久在生死，忍受诸苦。以诸菩萨三昧力故，要当不舍如是众生！（我首先要承担的）

""世尊，我今自行六波罗蜜，调伏众生，如佛言曰，以财物施名檀波罗蜜。世尊，我行檀波罗蜜时，若有众生世世从我乞求所须，向其所求，要当给足，饮食、医药、衣服、卧具、舍宅聚落、华香、璎珞、涂身之香。供给病者医药侍使。幢幡、宝盖、钱财、谷、帛、象、马、车乘、金银、钱货、真珠、琉璃、颇梨、珂贝、璧玉、珊瑚、真宝、伪宝、天冠、拂饰如是等物。我于众生乃至贫穷，生大悲心，悉以施与。虽作是施，不求天上人中果报，但为调伏摄众生故，以是因缘，舍诸所有。若有众生乞求过量，所谓奴婢、聚落、城邑、妻、子、男、女、手、脚、鼻、舌、头、目、皮、血、骨、肉、身命，乞求如是过量之物，尔时我当生大悲心，以此诸物，持用布施，不求果报，但为调伏摄众生故！（施舍）

""世尊，我行檀波罗蜜时，过去菩萨行檀波罗蜜者，所不能及；未来菩萨当发阿耨多罗三藐三菩提心，行檀波罗蜜者，亦不能及。世尊，我于来世为行菩萨道故，于百千亿劫当行如是檀波罗蜜。世尊，未来之世，若有欲行菩萨道者，我当为是行檀波罗蜜，令不断绝。（中略）何以故？或有菩萨于过去世不为阿耨多罗三藐三菩提行菩萨道，坚固精勤修集般若波罗蜜。未来之世或有菩萨未为阿耨多罗三藐三菩提行菩萨道，坚固精勤修集般若波罗蜜。是故我今当于来世发阿耨多罗三藐三菩提心修菩萨道，令诸善法无有断绝！（传续正法）

""世尊，我初发心，已为未来诸菩萨等开示大悲，乃至涅槃。有得闻我大悲名者，心生惊怪，叹未曾有。是故我于布施不自称赞，不依持戒，不念忍辱；不猗精进，不味诸禅，所有智慧，不着三世，虽行如是六波罗蜜，不求果报。（中略）是故，我今为是众生，专心庄严，精勤修集六波罗蜜。我为一一众生种善根故，于十劫中入阿鼻地狱，受无量苦。畜生、饿鬼、及贫穷鬼神卑贱人中，亦复如是。若有众生，空无善根，失念焦心，我悉摄取而调伏之，令种善根，乃至贤劫于其中间，终不愿在天上人中受诸快乐，惟除一生处兜术天，待时成佛。（与众同受苦受罪）

""世尊，我应如是久处生死，如一佛世界微尘等劫。（中略）若见饥饿众生，我当以身血肉与之，令其饱满。若有众生犯于诸罪，当以身命代其受罪，为作救护。（代身受罪）

""世尊，未来世中有诸众生，离诸善根，烧灭善心。我于尔时，为是众生，当勤精进，行菩萨道，在生死中，受诸苦恼。乃至过一恒河沙等阿僧祇劫，入第二恒河沙等阿僧祇劫，后分初入贤劫，火鬘摩纳成阿耨多罗三藐三菩提，字拘留孙如来时，我所教化，离诸善业，行不善业，烧憔善心，离圣七财，作五逆罪，毁坏正法，诽谤圣人，行于邪见，重恶之罪，犹如大山，常为邪道之所覆蔽，无佛世界所弃捐者，令发阿耨多罗三藐三菩提心，行檀波罗蜜。乃至行般若波罗蜜，安止住于不退转地，皆令成佛在于十方如一佛土。（中略）世尊，拘留孙佛成佛之时，我至其所，以诸供具而供养之。种种咨问出家之法，持清净戒，广学多闻，专修三昧勤行精进说微妙法，唯除如来，余无能胜。是时，或有钝根众生，无诸善根，堕在邪见，行不正道，作五逆罪，毁坏正法，诽谤圣贤，重恶之罪，犹如大山。我时当为如是众生，说于正法，摄取调伏。佛日没已，我于其后，自然当作无量佛事。伽那迦牟尼迦叶佛等住世说法，乃至自然作于佛事，亦复如是，乃至人寿千岁。我于尔时，劝诸众生，于三福处。过千岁已，上生天上，为诸天人讲说正法，令得调伏。乃至人寿百二十岁，尔时众生，愚痴自在，自恃端正种姓豪族（对种姓制度的批判），有诸放逸，悭吝嫉妒，堕在黑暗五浊恶世，厚重贪欲、嗔恚、愚痴、憍慢、悭吝、嫉妒，非法行欲，非法求财，行邪倒见，离圣七财，不孝父母。于诸沙门、婆罗门所，不生恭敬。应作不作，作不应作。不行福事，不畏后世，不勤修集。于三福处，不乐三乘，于三善根，不能修行，专为三恶。不修十善，勤行十恶，其心常为四倒所覆，安止住于四破戒中，令四魔王常得自在，渐在四流，五盖盖心。当来世中，如是众生，六根放逸，行八邪法，入大罪山，起诸结缚。不求天上人中果报，邪倒诸见，趣于邪道，行于五逆，毁坏正法，诽谤圣人，离诸善根。贫穷下贱，无所畏忌，不识恩义，失于正念，轻蔑善法。无有智慧，不能学问，破戒谀谄，以嫉妒心，于所得物，不与他分。互相轻慢，无有恭敬，懒惰懈怠，诸根缺漏。身体羸劣，乏于衣服，亲近恶友，处胎失念。以受种种苦恼，故恶色憔悴。其眼互视，无惭无愧，互相怖畏，于一食顷，身口意业，所作诸恶，无量无边。以能为恶，故得称叹。尔时众生，专共修集断常二见，坚着五阴危脆之身，于五欲中深生贪着，常起恚恚怨贼之心，欲害众生。心常嗔恼，秽浊粗朴，未得调伏，悭吝贪着。不舍非法，无有决定，互相畏怖，起于诤竞。以秽浊心，共相杀害。远离善法，起无善心，作诸恶业，于善不善，不信果报。于诸善法，起违背心。于灭善法，生欢喜心。于不善法，起专作心。寂灭涅槃，起不救心。于持戒沙门、婆罗门所，生不敬心。于诸缚结，起怖求心。于老病死，起深信心。于诸烦恼，起受持心。于五盖法，起摄取心。于正法幢，起远离心。于诸见幢，起竖立心。常起相违轻毁之心，共起斗诤相食啖心。各各相违，共相侵陵。摄取怨恨，恼乱之心。于诸欲恶，起无厌心。于他财物，起嫉妒心。于受恩中，起不报心。于诸众生，起贼盗心。于他妇女，起侵恼心。是时众生，一切心中，无有善愿。是故常闻地狱声、畜生声、饿鬼声、疾病声、老死声、恼害声、八难声、闭系声、杻械枷锁缚束声、夺他财物侵恼声、嗔恚轻毁呵责声、破坏众人和合声、他方国贼兵甲声、饥饿声、谷贵偷盗声、邪淫妄语狂痴声、两舌恶言绮语声、悭贪嫉妒摄取声、若我我所斗诤声、憎爱适意不适意声、恩爱别离忧悲声、怨憎集聚苦恼声、各各相畏僮仆声、处胎臭秽不净声、寒热饥渴疲极声、耕犁种殖匆务声、种种工巧疲厌声、疾病患苦羸损声。是时，众众各各常闻如是等声。如是众生，断诸善根，离善知识，常怀嗔恚，皆悉充满娑婆世界，悉是他方诸佛世界之所摈弃，以重业故，于贤劫中寿百二十岁。如是众生业因缘故，于娑婆世界受其卑陋，成就一切诸善根者，之所远离。娑婆世界，其地多有碱苦、盐卤、土沙、砾石、山陵、堆阜、溪谷、沟壑、蚊虻、毒蛇、诸恶鸟兽，充满其中。粗涩恶风，非时而起。当于非时恶雹雨水，其雨水味毒酢碱苦。以是雨故，生诸药草、树木、茎节、枝叶、华果，百谷诸味，皆悉杂毒。如是非时粗涩、恶浊、杂毒之物，众生食已，增益嗔恚，颜色憔悴，无有润泽。于诸众生，心无慈愍。诽谤圣人，各各无有恭敬之心。常怀恐怖，共相残害，生恼乱心。啖肉饮血，剥皮而衣，执持刀杖，勤作杀害。自恃豪族色相端正，读诵外典，便习鞍马，善用刀槊、弓箭、射御，于自眷属生嫉妒心。（痛陈诸恶）

"'若诸众生修习邪法，受种种苦，世尊，愿我尔时从兜术天下生最胜转轮王家。（恶世乱世，誓愿下生）若自在王家，处在第一大夫人胎。为诸众生调伏其心、修善根故，寻入胎时，放大光明。其光微妙，遍照娑婆世界，从金刚际上至阿迦尼吒天。令彼所有诸众生等，若在地狱，若在畜生，若在饿鬼，若在天上，若在人中，若有色，若无色，若有想，若无想，若非有想，若非无想，悉得见我微妙光明，若光触身，亦愿得知。以见知光故，悉得分别生死过患，勤求无上寂灭涅槃，乃至一念，断诸烦恼。是名令诸众生，初种涅槃之根栽也！愿我处胎于十月中，得选择一切法，入一切法门，所谓无生空三昧门，于未来世无量劫中，说此三昧，善决定心不可得尽。若我出胎，成阿耨多罗三藐三菩提已，彼诸众生，我当拔出，令离生死。如是等众，悉令见我。虽处母胎，满足十月，然其实是住珍宝三昧，结加趺坐，正受思惟。（出生时）十月满已，从右胁出。以一切功德成就三昧力故，令娑婆世界，从金刚际上至阿迦尼咤天，六种震动。其中众生，或处地狱、畜生、饿鬼、天上、人中，悉得惺悟。尔时复有以微妙光明，遍照娑婆世界，亦得惺悟无量众生。若有众生，未种善根，我当安止令种善根。于涅槃中种善根已，令诸众生，生三昧芽。我出右胁足蹈地时，复愿娑婆世界从金刚际上至阿迦尼咤天，六种震动。所有众生，依水、依地、依于虚空，胎生、卵生、湿生、化生，在五道者，悉得惺悟。若有众生，未得三昧，愿皆得之。得三昧已，安止令住三乘法中不退转地。我既生已，于娑婆世界，所有诸天、梵王、魔天、忉利诸天及日月天、四天王、诸大龙王、乾闼婆、阿修罗、迦楼罗、紧那罗、摩睺罗伽、化生、神仙、夜叉、罗刹，悉令尽来，共供养我，令我生已，寻行七步。行七步已，以选择功德三昧力故，说于正法，令诸大众心生欢喜，住于三乘。于此众中，若有众生学声闻者，愿尽此生便得调伏。若有习学缘觉乘者，一切皆得日华忍辱。有学大乘者，皆得执持金刚爱护大海三昧，以三昧力故，超过三住。我于尔时，悕求洗浴，愿有最胜大龙王来洗浴我身。众生见者，即住三乘，所得功德，如上所说。（儿童时）我为童子乘羊车时，所可示现种种伎术。（成人时）为悟一切诸众生故，处在宫殿、妻子、彩女五欲之中，共相娱乐，见其过患。（出家时）夜半出城，除诸璎珞严身之具。为欲破坏尼捷子等诸外道师，恭敬衣服故，我着袈裟，至菩提树下。众生见我处于菩提树下，皆悉发愿，欲令我速以一切功德成就三昧力、说三乘法。闻是法已，于三乘中生深重欲勤行精进。若有已发声闻乘者，令脱烦恼。要一生在当于我所，而得调伏；若有已发缘觉乘者，皆悉令得日华忍辱；若有已发大乘之者，皆得执持金刚爱护大海三昧。以三昧力故，超过四地。（修行时）我自受草至菩提树下敷金刚座处，结加趺坐，身心正直，系念在于阿颇三昧。以三昧力故，令入出息，停住寂静。于此定中一日一夜，日食半麻半米，以其余半，持施他人。（中略）世尊，我成阿耨多罗三藐三菩提已，若有众生于我生嗔，或以刀杖、火坑及余种种，欲残害我；或以恶言诽谤、骂詈，遍十方界而作轻毁；若持毒食以用饭我。如是残业，我悉受之，成阿耨多罗三藐三菩提。往昔所有怨贼众生，起于害心种种恶言，以杂毒食出我身血，如是等人，悉以恶心，来至我所，我当以戒多闻三昧，大悲熏心，梵音妙声，而为说法，令彼闻已，心生清净，住于善法。所作恶业，寻便忏悔，更不复作，悉令得生天上人中，无有障阂。（中略）世尊，我成阿耨多罗三藐三菩提已，一切所有身诸毛孔，日日常有诸化佛出，三十二相、璎珞其身，八十种好，次第庄严。我当遣至无佛世界、有佛世界及五浊界。（略）

悲华经卷第六

悲华经 卷第七

诸菩萨本授记品 第四 之五（发愿续前，愿为众生说法）

　　（略）

　　“‘世尊，我为如是一一众生要当过于百千由旬不以神足，而以开示无量无边种种方便，为解句义，示现神足，乃至涅槃，心不生厌。世尊，我以三昧力故，舍第五分所得寿命，而般涅槃。我于是时，自分其身，如半葶苈子，为怜愍众生故，求般涅槃。般涅槃后，所有正法住世千岁，像法住世满五百岁。我涅槃后，若有众生，以珍宝伎乐供养舍利，乃至礼拜右绕一匝，合掌称叹，一茎华散。以是因缘，随其志愿，于三乘中各不退转。

　　“‘世尊，我般涅槃后，若有众生于我法中，乃至一戒如我所说，能坚持之，乃至读诵一四句偈为他人说，令彼听者心生欢喜；供养法师乃至一华一礼，以是因缘随其志愿于三乘中各不退转，乃至法炬灭、法幢倒。正法灭已，我之舍利，寻没于地至金刚际。尔时娑婆世界，空无珍宝。我之舍利，变为意相琉璃宝珠，其明焰盛，从金刚际出于世间，上至阿迦尼咤天，雨种种华，曼陀罗华、摩诃曼陀罗华、波利质多华、曼殊沙华、摩诃曼殊沙华。

　　（略）

"'世尊，彼佛世尊，复为修学大乘诸人，说我舍利所作变化本起因缘，过去久远，有佛世尊，号字某甲，般涅槃后，刀兵疾病饥饿劫起，我等尔时，于其劫中，受诸苦恼。是佛舍利，为我等故，作种种神足师子游戏，是故我等即得发阿耨多罗三藐三菩提心，种诸善根，精勤修集于六波罗蜜。如上广说。'"

佛告寂意菩萨："善男子，尔时，宝海梵志在宝藏佛所诸天大众人非人前，寻得成就大悲之心，广大无量，作五百誓愿已，复白佛言：'世尊，若我所愿不成不得己利者，我则不于未来贤劫重五浊恶，互共斗诤。末世盲痴，无所师咨，无有教诫，堕于诸见大黑暗中，作五逆恶。如上说中，成就所愿，作于佛事，我今则舍菩提之心，亦不愿于他方佛土，殖诸善根。世尊。我今如是专心，不以是善根，成阿耨多罗三藐三菩提。亦不愿求辟支佛乘，亦复不愿作声闻乘、天王、人王，贪乐五欲，生天人中，不求乾闼婆、阿修罗、迦楼罗、紧那罗、摩睺罗伽、夜叉、罗刹、诸龙王等。以是善根，不求如是诸处。世尊，若得大富，以施为因。若得生天，以戒为因。若得大智，以广学为因。若断烦恼，以思惟为因。如佛言曰，如是等事，皆是己利，功德之人，则能随其所求，皆悉得之。世尊，若我善根成就得己利者，我之所有布施、持戒、多闻、思惟，悉当成就。以是果报，皆为地狱一切众生。若有众生，堕阿鼻地狱，以是善根，当拔济之，令生人中，闻佛说法，即得开解，成阿罗汉，速入涅槃。是诸众生，若业报未尽，我当舍寿，入阿鼻狱，代受苦恼。愿令我身数如一佛世界微尘，一一身如须弥山等。是一一身觉诸苦乐，如我今身所觉苦乐。一一身受如一佛世界微尘数等，种种重恶苦恼之报，如今一佛世界微尘等。十方诸佛世界所有众生，作五逆恶，起不善业，乃至当堕阿鼻地狱。若后过如一佛世界微尘等大劫，十方诸佛世界微尘数等所有众生，作五逆恶，起不善业，当堕阿鼻地狱者，我当为是一切众生，于阿鼻地狱代受诸苦，令不堕地狱，值遇诸佛咨受妙法，出于生死，入涅槃城。我今要当代是众生，久久常处阿鼻地狱。复次如一佛世界微尘数等，十方世界所有众生，恶业成就，当必受果，堕火炙地狱，如阿鼻地狱，所说炙地狱、摩诃卢猕地狱、逼迫地狱、黑绳地狱、想地狱。及种种畜生、饿鬼、贫穷、夜叉、拘槃荼、毗舍遮、阿修罗、迦楼罗等，皆亦如是。世尊，若有如一佛世界微尘数等，十方世界，所有众生，成就恶业，必当受报，生于人中，聋、盲、暗、哑，无手无脚，心乱失念，食啖不净。我亦当代如是众生，受于诸罪，如上所说。复次若有众生堕阿鼻地狱，受诸苦恼，我当久久代是众生受诸苦恼。如生死众生所受阴界诸入，畜生饿鬼贫穷，夜叉拘槃荼、毗舍遮、阿修罗、迦楼罗等，皆亦如是。

"'世尊，若我所愿，成就逮得己利，成阿耨多罗三藐三菩提。如上所愿者，十方无量无边阿僧祇世界，在在处处现在诸佛，为众生说法，悉当为我作证，亦是诸佛之所知见。世尊，惟愿今者与我阿耨多罗三藐三菩提记，于贤劫中人寿百二十岁时，成佛出世，如来应供正遍知乃至天人师佛世尊。世尊，若我必能成就如是佛事如我愿者，令此大众及诸天龙阿修罗等，若处地虚空。唯除如来，其余一切皆当涕泣，悉于我前，头面作礼赞言！'"（宝海梵志发大誓愿后，疑缺失宝藏佛对宝海梵志例言）'善哉！善哉！大悲成就，无能及也！得念甚深，为诸众生，生是深悲，发坚固誓愿！汝今所作，不由他教，以专心大悲，覆护一切，摄取五逆诸不善人。汝之善愿，我今悉知。汝初发阿耨多罗三藐三菩提心时，已为众生作大良药。为作归依拥护舍宅，为令众生得解脱故，作是誓愿。汝今所愿得己利者，如来为汝授阿耨多罗三藐三菩提记。'

"说是语已，时转轮圣王无量清净，寻从座起悲泣泪出，叉手合掌向是梵志，头面敬礼，而说偈言：（略）尔时观世音菩萨，说偈赞言：（略）尔时得大势菩萨，说偈赞言：（略）尔时文殊师利菩萨，复说偈赞言：（略）尔时虚空印菩萨，复说偈赞言：（略）尔时金刚智慧光明菩萨，复说偈赞言：（略）尔时虚空日菩萨，复说偈赞言：（略）尔时师子香菩萨，复说偈赞言：（略）尔时普贤菩萨，复说偈赞言：（略）尔时阿閦菩萨，复说偈赞言：（略）尔时香手菩萨，复说偈赞言：（略）尔时宝相菩萨，复说偈赞言：（略）尔时离恐怖庄严菩萨，复说偈赞言：（略）尔时华手菩萨，复说偈赞言：（略）尔时智称菩萨，复说偈赞言：（略）尔时地印菩萨，复说偈赞言：（略）尔时月华菩萨，复说偈赞言：（略）尔时无垢月菩萨，复说偈赞言：（略）尔时持力菩萨，复说偈赞言：（略）尔时火鬘菩萨，复说偈赞言：（略）尔时现力菩萨悲泣涕泪，在梵志前头面作礼，合掌叉手，说偈赞言：（略）

"善男子，尔时，一切大众天龙鬼神乾闼婆人及非人，在梵志前头面作礼。礼已，起立合掌恭敬，以种种赞法而赞叹之。"

佛告寂意菩萨："善男子，尔时，宝海梵志于如来前右膝着地，是时大地六种震动。一切十方如一佛世界，微尘数等诸佛世界，亦六种震动。有大光明遍照世间，雨种种华：曼陀罗华、摩诃曼陀罗华、波利质多华、曼殊沙华、摩诃曼殊沙华。乃至有无量光明，遍照十方如一佛世界、微尘等若净不净诸世界中，在在处处现在诸佛，为诸众生说于正法。是诸佛所，各有菩萨坐而听法，是诸菩萨见此大地六种震动，放大光明，雨种种华，见是事已，前白佛言：'世尊，何因缘故而此大地六种震动，有大光明，雨种种华？'

我在此处略去了讲述东、南、西、北其他世界诸佛，均为宝海梵志的发愿所惊动，奔走相告，派遣问候者到删提岚来。

悲华经卷第七

悲华经 卷第八

诸菩萨本授记品 第四之六

继续略去。之后，开始进入宝藏佛为宝海梵志改名授佛号：

"善男子。尔时宝海梵志取此月光净华供养宝藏如来已，白佛言：'世尊，惟愿如来与我授阿耨多罗三藐三菩提记。'善男子，尔时宝藏如来即入三昧。其三昧名电灯，以三昧力故，令删提岚界一切山树草木土地变为七宝，令诸大众悉得自见，皆于佛前听受妙法，随所思惟。或自见身青色、黄色、白色、紫色、赤色、黑色；或见似风，或见似火，或见似空；或见似热时之炎，或见似水或似水沫；或似大山，或似梵天，或似帝释；或见似华，或似迦楼罗；或见似龙，或似师子；或似日月，或似星宿；或见似象，或似野狐，在佛前坐听受妙法，随时思惟，各自见身如是相貌。善男子，如是众生，随所思惟，复见自身同宝藏佛身，等无差别。是诸大众在于佛前，寻见梵志坐于千叶七宝莲华。一切大众处地虚空，若坐若立。一一众生，各各自见，宝藏如来独坐其前，独为说法，惟我独见。

"善男子，尔时宝藏如来赞宝海梵志，言：'善哉善哉！大悲净行！汝为无量无边众生，起此大悲，能大利益！于世间中，作大光明！（中略）汝，善男子，所化无量无边阿僧祇众生，令住阿耨多罗三藐三菩提。至我所者，是诸众生，各各自发种种善愿，取佛世界或净不净，我已随其所愿授记。善男子，若有菩萨，在于我前，愿取净土，以清净心，善自调伏，种诸善根，摄取众生者，虽谓菩萨，犹非猛健大丈夫也！非是菩萨深重大悲，为众生故，求阿耨多罗三藐三菩提。若有取于净佛土者，即是菩萨舍离大悲。又复不愿杂二乘者，如是菩萨无巧便慧善平等心。若有菩萨，作是誓愿，令我世界远离声闻、辟支佛乘，灭不善根，无诸女人及三恶道，成阿耨多罗三藐三菩提已，纯以菩萨摩诃萨等为大眷属，纯说无上大乘之法，寿命无量久，住于世经无数劫，纯为善心调伏白净成善根者，说微妙法，如是之人虽谓菩萨非大士也！何以故？以无巧便平等智故。'

上面宝藏佛表明态度：取净土者终究不如取不净土者。这就是宝海梵志与众不同的宝贵之处！

之后宝藏佛为宝海梵志改名成就大悲，将来成佛时为佛如来应正遍知明行足善逝世间解无上士调御丈夫天人师佛世尊，也就是直接称佛。

这时，有一个人做出悲惨预言：

"尔时，有一裸形梵志，名乱想可畏。复作是言。善大丈夫。汝于无量无边阿僧祇劫行菩萨道时，我当从汝求索所须，常至汝所，乞求衣服、床榻、卧具、房舍、屋宅、象马、车乘、国城、妻子、头、目、髓、脑、皮、肉、手、脚、耳、鼻、舌、身。善大丈夫，我当为汝作佐助因，令汝满足檀波罗蜜乃至般若波罗蜜。大悲梵志如是等行菩萨道时，我当劝汝令得具足六波罗蜜。汝成佛已，愿作弟子，当从汝闻八万法聚。闻已，即能辩说法相。说法相已，汝当授我无上道记。善男子。尔时梵志，闻是事已，即礼佛足，便告裸形梵志，言：'善哉善哉，汝真是我无上道伴。汝于无量无边百千万亿阿僧祇劫，常至我所，乞索所须，所谓衣服乃至舌身。我于尔时，以清净心，舍诸所有，布施于汝。汝于是时，亦无罪分。'

下面大悲菩萨做反誓，修辞形式为：若……，则不……，所谓毒誓者，

"善男子，尔时，大悲菩萨摩诃萨，复作是言：'世尊，我于无量无边百千万亿阿僧祇劫，在在生处为菩萨时，有诸乞士在我前住。若求饮食，或以软语，或以恶言，或轻毁訾，或真实言，世尊，我于尔时，乃至不生一念恶心。若生嗔恚，如弹指顷，以施因缘，求将来报者，我即欺诳十方世界无量无边阿僧祇现在诸佛，于未来世，亦当必定不成阿耨多罗三藐三菩提！世尊，我今当以欢喜之心，施于乞者，愿令受者，无诸损益，于诸善根，亦无留难乃至一毫。若我令彼受者，有一毫损益善根留难者，则为欺诳十方世界无量无边阿僧祇等现在诸佛。若诳诸佛者，则当必堕阿鼻地狱！不能欢喜施与衣服饮食。若彼乞者，或以软语，或粗恶言，或轻毁訾，或真实言，求索如是头、目、髓、脑，世尊，若我是时，心不欢喜，乃至生于一念嗔恚，以此施缘求果报者，则为欺诳十方世界无量无边现在诸佛。以是因缘，必定堕于阿鼻地狱！如檀波罗蜜说乃至般若波罗蜜亦如是。'

"善男子，尔时宝藏如来即便赞叹宝海梵志：'善哉善哉，善能安止大悲心故，作是誓愿。'善男子，尔时一切大众诸天龙鬼神人及非人合掌赞言：'善哉善哉，善能安止大悲心故，作是誓愿，得大名称，坚固行于六和之法，充足利益一切众生。'善男子，如裸形梵志作誓愿时，复有八万四千人，亦同梵志所发誓愿。善男子，尔时大悲菩萨摩诃萨，复共如是八万四千人同作誓愿，心生欢喜，合掌四顾，遍观大众，作如是言，未曾有也！未来之世正法灭时，多诸烦恼五浊恶世，我于其中，放大光明，作调御师，于黑暗世，燃正法灯。若诸众生，无有救护，无有势力，无佛示导，我今初发菩提心时，已得如是等无上道伴。是等诸人，愿令世世从我，受此头目髓脑皮肉骨血手足耳鼻舌身，乃至衣服饮食。善男子，尔时宝海梵志白佛言：'世尊，若未来之世无量无边百千万亿阿僧祇劫，如是众生，来至我所，受我所施头目髓脑乃至饮食，如一毛分已。我成阿耨多罗三藐三菩提已，若不脱生死，不得授记于三乘者，我则欺诳十方世界无量无边现在诸佛，必定不成阿耨多罗三藐三菩提！'

"善男子，尔时宝藏如来复重赞叹大悲菩萨：'善哉善哉！善大丈夫！汝能如是行菩萨道，譬如往昔须弥山，宝菩萨在世间光明佛前，初发如是菩提之心，作是誓愿，亦行如是菩萨之道，过一恒河沙等阿僧祇劫。东方去此百千亿佛世界，彼有世界名光明智炽，人寿百岁，于中成佛，号智华无垢坚菩提尊王如来应正遍知明行足善逝世间解无上士调御丈夫天人师佛世尊，住世说法四十五年作于佛事。'尔时佛告大悲菩萨：'彼佛般涅槃后，正法住世满一千岁。正法灭已，像法住世，亦一千岁。大悲，彼佛世尊若在世若涅槃，正法、像法于此中间，有诸比丘及比丘尼，非法毁戒行于邪道，断法供养无惭无愧，或断招提僧物，断现前僧衣服、饮食、卧具、医药，取众僧物，以为己有，自用与人及与在家者。善男子，如是等人，彼佛世尊皆与授记于三乘中。大悲，彼如来所若有出家着袈裟者，皆得授记不退三乘。若有比丘、比丘尼、优婆塞、优婆夷犯四重禁，彼佛于此起世尊想，种诸善根，亦与授记

不退三乘。'善男子，尔时大悲菩萨摩诃萨复作是言：'世尊，我今所愿行菩萨道时，若有众生，我要劝化，令安止住檀波罗蜜乃至般若波罗蜜，乃至劝化令住，如一毛端善根，乃至成阿耨多罗三藐三菩提。若不安止乃至一众生于三乘中令退转者，则为欺诳十方世界无量无边阿僧祇等现在诸佛，必定不成阿耨多罗三藐三菩提！世尊，我成佛已，若有众生入我法中出家着袈裟者，或犯重戒，或行邪见，若于三宝轻毁不信集诸重罪，比丘、比丘尼、优婆塞、优婆夷，若于一念中生恭敬心，尊重世尊或于法僧，世尊，如是众生乃至一人不于三乘得授记莂而退转者，则为欺诳十方世界无量无边阿僧祇等现在诸佛，必定不成阿耨多罗三藐三菩提！世尊，我成佛已，诸天、龙、鬼、神、人及非人，若能于此着袈裟者，恭敬、供养、尊重、赞叹，其人若得见此袈裟少分，即得不退于三乘中。若有众生为饥渴所逼，若贫穷鬼神下贱诸人乃至饿鬼众生若得袈裟少分乃至四寸，其人即得饮食充足，随其所愿，疾得成就。若有众生，共相违反，起怨贼想，展转斗诤。若诸天、龙、鬼、神、乾闼婆、阿修罗、迦楼罗、紧那罗、摩睺罗伽、拘槃茶、毗舍遮、人及非人，共斗诤时，念此袈裟，寻生悲心、柔软之心，无怨贼心、寂灭之心，调伏善心。有人若在兵甲斗讼断事之中，持此袈裟少分至此辈中，为自护故，供养、恭敬、尊重，是诸人等，无能侵毁、触娆、轻弄，常得胜他，过此诸难。世尊，若我袈裟不能成就如是五事圣功德者，则为欺诳十方世界无量无边阿僧祇等现在诸佛，未来不应成阿耨多罗三藐三菩提作佛事也！没失善法，必定不能破坏外道！'

"善男子，尔时宝藏如来伸金色右臂，摩大悲菩萨顶，赞言：'善哉善哉！大丈夫！汝所言者，是大珍宝！是大贤善！汝成阿耨多罗三藐三菩提，已是袈裟衣服，能成就此五圣功德作大利益！'

"善男子，尔时大悲菩萨摩诃萨闻佛称赞已，心生欢喜，踊跃无量。因佛伸此金色之臂，长指合缦，其手柔软，犹如天衣，摩其头已，其身即变，状如童子二十岁人。善男子，彼众大众、天、龙、鬼、神、乾闼婆、人及非人，叉手恭敬，向大悲菩萨，供养散种种华，乃至技乐而供养之。复种种赞叹，赞叹已，默然而住。"

悲华经

檀波罗蜜品 第五之一

　　故事续前，大悲菩萨请教宝藏佛三昧门。

　　（略）

悲华经卷第八

悲华经 卷第九

檀波罗蜜品 第五之二

　　（续略）

"善男子，尔时大悲菩萨闻是法已，心生欢喜，即得变身，其状犹如年二十人，追随如来，犹影随形。

"善男子，尔时转轮圣王及其千子，八万四千小王，九十二亿人悉共出家，奉持禁戒，修学多闻，忍辱三昧，勤行精进。
　　（中略）

"善男子，其后彼佛（指宝藏佛）入般涅槃。尔时，大悲菩萨摩诃萨以无量无边种种诸华末香涂香，宝幢、幡盖、珍宝、妓乐，而以供养。以种种香积以为蘱，阇维其身，收取舍利。起七宝塔，高五由旬，纵广正等满一由旬。于七日中，复以种种无量无边华香、妓乐、宝幢、幡盖，而供养之。尔时，复令无量无边众生，安止住于三乘法中。

"善男子，大悲菩萨过七日已，与八万四千人俱共出家，剃除须发，着染袈裟，于宝藏佛般涅槃后，随顺等心炽然。正法满十千岁，复令无量无边阿僧祇众生，安止住于三乘法中，及三归依、五戒、八斋、沙弥十戒，次第具足大僧净行。复更劝化无量百千万亿众生，安止住于神通方便四无量行，令观五阴，犹如怨贼。观于诸入如空聚落。观有为法，从因缘生。劝化众生，令得知见。观一切法，如镜中像，如热时炎，如水中月。于诸法中，皆知无我、无生、无灭。第一寂静，微妙涅槃。复令无量无边众生，安止住于八圣道中。作如是等大利益已，即便命终。寻时复有无量无边百千诸人，以种种供养，供养大悲比丘舍利。其所供养，悉如转轮圣王之法。如是大众种种供养大悲舍利，亦复如是。大悲比丘命终之日，宝藏如来所有正法，即于其日灭尽无余。彼诸菩萨以本愿故生诸佛土，或生兜术人中龙中，或夜叉中或阿修罗，生于种种畜生之中。

这之后，开始了大悲菩萨的本生故事，通过不断地转世下生，印证宝海梵志的誓愿。

"善男子，大悲比丘命终之后，以本愿故，南方去此十千佛土，有佛世界名曰欢喜。彼中人民寿八十岁，集聚一切诸不善根，喜为杀害，安住诸恶，于诸众生，无慈悲心，不孝父母，乃至不畏未来之世。大悲比丘以本愿故，生彼世界旃陀罗家。（中略）其王命终，诸大臣等以旃陀罗绍继王位。因为作字，号功德力。

"善男子，尔时，功德力王不久王一国土，复以力故，王二国土。如是不久，乃至得作转轮圣王，王阎浮提。（中略）尔时功德力王，教化阎浮提内无量众生于十善道及三乘中已，于阎浮提内大声唱言：'若有乞求欲须食饮，乃至欲得种种珍宝，悉来至此我当给施。'是时，阎浮提内一切乞士，闻是唱已，悉来集会。时功德力王，种种随意，给施所须，皆令满足。尔时，有一尼乾子，名曰灰音，往至王所，而作是言：'王今所作种种大施，以求无上正真之道。我今所须，王当与我，令得满足：王于未世，当炽然法灯。'时王问言：'卿何所须？'彼人答言：'我诵持咒术，欲得与彼阿修罗斗，怖其破坏自得胜利。是故，白王如是事耳，所以须者：未死之人皮之与眼。'尔时大王闻是语已，如是思惟：'我今得是无量势力转轮圣王已，得安止无量众生住于十善及三乘中，复作无量无边大施。此善知识，欲令我以不坚牢身，贸坚牢身。'尔时，大王便作是言：'汝今可生欢喜之心，我今以此凡夫肉眼，布施于汝。以是缘故，令我来世，得清净慧眼，以欢喜心剥皮施汝。复以是缘，令我成阿耨多罗三藐三菩提已，得金色身。'（施舍皮肤眼睛的故事）

"善男子，尔时，功德力王以其右手，挑取二目，施尼乾子。血流污面，而作是言：'诸天、龙、神、乾闼婆、阿修罗、迦楼罗、紧那罗、摩睺罗伽、人、非人等，若在虚空、若在地者，悉听我言！我今所施，皆为无上菩提之道，白净涅槃，度诸众生于四流水，令得安止住于涅槃。'复作是言：'若我必定成阿耨多罗三藐三菩提者，虽作是事，所有命根，不应断坏。不失正命，不应生悔，令尼乾子所作咒术，便得成就。'复作是言：'汝可来剥取我皮！'善男子，时尼乾子即持利刀，剥取王皮。却后七日，所作咒术，悉得成就。尔时大王于七日中，其命未终，不失正念。虽受是苦，乃至一念不生悔心。

这时，释迦牟尼提醒无量那由他人等，这个能忍受剥皮的人，就是自己的前身。

"善男子，汝今当知：尔时大悲菩萨者岂异人乎？莫作是观，则我身是。于过去世宝藏佛所，初发阿耨多罗三藐三菩提心。初发心已，劝化无量无边众，生于阿耨多罗三藐三菩提。善男子，是我最初勇健精进。尔时我以本愿力故，命终生于欢乐世界旃陀罗家，是我第二勇健精进。我生旃陀罗家，教化众生于善法中，以自力势乃至得作转轮圣王，灭阎浮提斗诤、秽浊，令得寂静，增长寿命。是我初始舍于身皮及以眼目。善男子，我以愿故，于彼命终。复还来生欢喜世界旃陀罗家，乃至得作转轮圣王。

（略）

"……尔时此界名无垢须弥，人寿百岁有佛出世，号香莲华，般涅槃后像法之中。我于尔时作大强力转轮圣王，号难沮坏王，阎浮提千子具足。我悉劝化令发阿耨多罗三藐三菩提心。（略）尔时一切阎浮提内，苗稼不登，人民饥饿。水雨不时，诸树枯悴。不生华实，药草不生。人民禽兽及诸飞鸟，悉皆饥饿，其身炽然犹如火聚。我于尔时，复自思惟：'我今应当自舍己身肌体血肉，以施众生令其饱满。'作是念已，从其所住阿兰若处，至于人间，中路有山，名水爱护。住是山上，复作是愿，而说偈言：

（略）

"……尔时此界转名月电亦五浊世。我于尔时作转轮圣王，王阎浮提号灯光明。（中略）有一商主名曰满月。此人先世福德缘故，得如所愿至于宝渚。多取种种诸珍宝已，即欲发引还阎浮提。（中略）时诸商人迷闷失道，生大怖畏失声号哭，称唤诸天摩醯首罗，水神、地神、火神、风神，复称父母妻子眷属，愿救济我。善男子，我于尔时，以净天耳闻其音声，寻往其所，以柔软音而慰抚之，莫生怖畏，当示汝道，令汝安隐还阎浮提。善男子，我于尔时，白叠缚臂，以油灌之，然以为炬，发真实言。（中略）复次，善男子，如是复过无量无边阿僧祇劫。此佛世界转名为网。劫名知具足。其世五浊人民寿命满五万岁，以本愿故，生阎浮提婆罗门家。字曰须香。（后略）"

悲华经卷第九

悲华经 卷第十

檀波罗蜜品 第五之三

佛告寂意菩萨："善男子，其后复过无量无边阿僧祇劫。此界转名选择诸恶，尔时大劫名善等盖世亦五浊，东方去此五十四天下。彼阎浮提名卢婆罗，以愿力故，生于彼中，作转轮圣王，主四天下，号虚空净，教诸众生安住十善及三乘中。我于尔时，布施一切，无所分别。（略）善男子，尔时大众闻虚空净王诸天作字号一切施。闻是事已，各各相谓：'我等今者，应往乞求难舍之物。若能舍者，可得名为一切布施。如其不能，何得称为一切施也？'是时诸人，各各从王乞索后宫夫人、婇女及儿息等。时转轮王闻是事已，心大欢喜，随其所索，悉皆与之。是时诸人，复更相谓：'如是妻子，皆是易舍，非难事也，今当从王乞身支节，若能舍者，真可得名能舍一切！'尔时诸人往大王所，于是众中有乞儿，字青光明，受持狗戒，向转轮王作如是言：'大王，若是一切施者，唯愿施我此阎浮提。'我时闻已，心大欢喜，寻以香水洗浴其人，令着柔软上妙衣服，以水灌顶，绍圣王位，持阎浮提即以施之。复作是愿，如我以此阎浮提施，是因缘故成阿耨多罗三藐三菩提，所愿成就得己利者。是阎浮提所有人民，皆当承顺奉敬此人，以为王者。复令此人寿命无量作转轮王。我成阿耨多罗三藐三菩提已，当与授记一生当得补佛之处。有婆罗门名曰卢志，复来从我乞其两足。我闻是已，心生欢喜，即持利刀，自断二足，持以施之。施已发愿，愿我来世具足，当得无上成足。有婆罗门名曰牙，复来从我乞索二目。我闻是已心生欢喜，即挑二目持以与之。施已发愿，愿我来世当得具足无上五眼。未久之间，有婆罗门名净坚牢，复来从我乞索二耳。我闻是已，心生欢喜，寻自割耳，持以施之。施已发愿，愿我来世当得具足无上智耳。未久之间，有尼乾子名想，复来从我乞索男根。我闻是已，心生欢喜，寻即自割，持以施之。施已发愿，愿我来世成阿耨多罗三藐三菩提，得马藏相。未久之间，复有人来，从我乞索其身血肉。我闻是已，心生欢喜，即便施之。施已发愿，愿我来世具足无上金色之相。未久之间，有婆罗门名曰蜜味，复来从我求索二手。我闻是已，心生欢喜，右手持刀，寻断左手。作如是言：'今此右手不能自割，卿自取之。'是施已，复发愿言，愿我来世具足当得无上信手。善男子，我截如是诸支节已，其身血流。复作愿言，因此施故，必定成阿耨多罗三藐三菩提。所愿成就得己利者，其余身分，重得受者。尔时，非圣不知思义，诸小王等及诸大臣皆作是言：'咄哉愚人！如何自割身体支节，令诸自在一旦衰灭，其余肉抟，复何所直？'是时大臣即持我身，送着城外旷野冢间，各还所止。时有无量蚊蛇蝇等，唼食我血。狐狼野干雕鹫之属，悉来唼肉。我于尔时命未断间，心生欢喜。复作愿言，如我舍于一切自在及诸支节，乃至一念不生嗔恚及悔恨心。若我所愿成就得己利者，当令此身，作大肉山，有诸饮血唼肉众生，悉来至此，随意饮唼。作是愿已，寻有众生悉来食唼。（后略）

悲华经

入定三昧门品 第六

　　续略。这时，这次大会接近尾声。

　　……尔时会中有一菩萨名无畏等地，长跪叉手，前白佛言："世尊，如是大经，当名何等？云何奉持？"佛告无畏等地菩萨："是经当名《解了一切陀罗尼门》。亦名《无量佛》。亦名《大众》。亦名《授菩萨记》。亦名《四无所畏出现于世》。亦名《一切诸三昧门》。亦名《示现诸佛世界》。亦名《犹如大海》。亦名《无量》。亦名《大悲莲华》。"（《悲华经》的由来）（中略）以是因缘，能令持此经读诵通利，为他人说乃至一偈，若后末世五十岁中乃至有能书写一偈，得如是等无量无边福德之聚。是故，我今说如是经！如是大经，当付嘱谁？谁能于后五十岁中护持是法？谁能与诸在在处处不退菩萨，宣说令闻？谁复能为行非法欲、恶贪、邪见、不信善恶有果报者，演布是教？"尔时大众皆知佛心。于时有一大仙夜叉，名无怨沸宿，坐于众中。尔时弥勒菩萨摩诃萨即从坐起，将是夜叉至于佛所。是时如来告是夜叉大仙："汝今当受是经，乃至末后五十岁中，为不退菩萨乃至不信善恶报者，演布是教。"尔时夜叉即白佛言："我于过去八十四大劫中，以本愿故，作仙夜叉，修行阿耨多罗三藐三菩提。尔时教化无量无边阿僧祇人，安止于四无量心。复令无量无边众生不退转于阿耨多罗三藐三菩提。世尊，我今当为未来之世一切众生作拥护故，于后末世五十岁中受持是经，乃至从他闻四句偈，要当读诵，悉令通利，流布与人，令不断绝！"

　　佛说是经已，寂意菩萨、诸天大众、乾闼婆等人及非人，皆大欢喜，头面作礼，退坐而去。

悲华经卷第十

　　《悲华经》终于全部读完，谢谢你们的耐心，同时也祝贺大家！

　　我们以《悲华经》为文本辨识对照，清楚地看到，在以犍陀罗为核心的佛教宗教造型有两个系统：

　　一是王族系统，转轮王为最高权力者，以龙头璎为标志，时有戴冠；转轮王的儿子们涵盖了最著名的菩萨，戴冠，披璎珞。

　　二是佛的系统，除了释迦牟尼佛，其他佛各有净土，以莲花座为标志；释迦牟尼佛因为发愿往生不净土，所以下承金刚座，以示坚韧力量。

交脚菩萨——转轮王的三种坐相

佛教造型中，有非常著名的交脚菩萨像，都强调它是在兜率天宫中的弥勒菩萨像。在有了对转轮王造型的知识之后，我们就可以准确地辨认出所谓交脚弥勒菩萨像，实际上是转轮王像。转轮王有三种坐相，出处在下面的佛经里，我把有关的内容摘在下面。

金刚顶经一字顶轮王瑜伽一切时处念诵成佛仪轨 一卷　　　　　　　No.957
（转轮王的三种坐姿）
　（唐）特进试鸿胪卿 大兴善寺 三藏 沙门 大广智 不空 奉诏译

……（前略）
或作轮王坐　　交脚或垂一
乃至独膝竖　　轮王三种坐
或作普贤跏　　左掌承右腿
右趺镇左髀　　普贤跏乃成
……（后略）

图31 转轮王独膝竖坐相
　　悲华经石雕（局部）

图32 转轮王独膝竖坐相
　　悲华经石雕（局部）

图33 转轮王交脚坐相　悲华经石雕（局部）

图 34 转轮王交脚坐相　美国诺顿西蒙博物馆

图 35 转轮王交脚坐相　东京国立博物馆

图 36 莫高窟第 275 窟西壁　北凉　转轮王垂一坐相

　　我们看这些图，雕像都有准确无误的龙头璎。龙头璎是转轮王的标配，我在之后马上要你们阅读的《佛说弥勒大成佛经》里，弥勒并没有配戴龙头璎，当然，此时的弥勒下生成佛，身上只有袈裟法衣，没有任何璎珞配饰。在《弥勒上生经》里，也没有任何他配戴龙头璎的描写。

　　在犍陀罗的转轮王坐相中，我目前还没有找到垂一，即单腿垂坐的形象。右下图是北凉时期的垂一坐相，也许昙无谶在犍陀罗地区见过，所以在他监制的北凉窟里出现了日后成为标准的，而且只与思惟配合的转轮王思惟垂一坐相。

图 37 莫高窟第 268 窟　北凉

图 38 莫高窟第 275 窟　北凉

图 39 莫高窟第 275 窟　北凉

敦煌石窟被定为北凉窟的是：268、272、275
三个窟。我们可以看到这三个窟里的交脚像，与犍
陀罗的交脚像是一样的：龙头璎、臂钏，阎浮金锁改
形为项圈，我们现在还常常称小孩子戴的项圈为锁。
这样的交脚像就是犍陀罗的转轮王像。

昙无谶为北凉监制的佛教造像，遵循了《悲华经》
的造像原则。

从图像学的原型原则来看，所判定的其他北魏
窟的塑像，与这三个窟的原型相同。这应该是北魏
窟都是在北凉窟的基础上，稍事敷彩，形成北魏的
艺术风格。这是我对敦煌石窟北凉窟与北魏窟的交
互观察研究的个人心得。我们在后面的课里，会继
续看到北魏窟的这个特点，即胎或底是北凉的，表
面效果是北魏的。

110

《佛说弥勒大成佛经》
——弥勒佛与弥勒信仰的造型来源

　　诸位，《悲华经》之后，我要再请你们读的经是《佛说弥勒大成佛经》。为什么是这个经而不是别的经？因为此经中有关于弥勒佛的造型描述，它与弥勒信仰有直接的关系。

　　弥勒先是作为菩萨，我们读《悲华经》时看到弥勒已经是首席菩萨，经里有弥勒菩萨向释迦牟尼请求成佛之号，释迦牟尼授弥勒菩萨佛职位。广为人知的是，《弥勒上生经》说弥勒菩萨后来上升兜率天，讲说佛法。但是，重要的是《弥勒下生成佛经》。这个经有多种译本，有的已经失传，在留下来的译本中，我选择鸠摩罗什的译本，因为它的内容、细节最全。二是鸠摩罗什的译文好，例如广为人知的《心经》，我个人认为鸠摩罗什的译文优于玄奘奉敕所译的。玄奘当然了不起，但从当时的译经程序来看，不如说译文是由集体所成。

　　我们来读这个经。

佛说弥勒大成佛经　　　　　　　　　　　　　　　　　　大正藏 No.0456

姚秦 龟兹国 三藏 鸠摩罗什 译

　　如是我闻：
　　一时，佛（释迦牟尼）住摩伽陀国波沙山（孤绝山也），过去诸佛常降魔处。夏，安居中，与舍利弗经行山顶，而说偈言：
　　（略）
　　时四部众，平治道路，洒扫烧香，皆悉来集，持诸供具，供养如来及比丘僧；谛观如来，喻如孝子视于慈父，如渴思饮，爱念法父，亦复如是。各各同心，欲请法王转正法轮。（中略）尔时大智舍利弗，齐整衣服，偏袒右肩，知法王心善能随顺，学佛法王转正法轮，是佛辅臣，持法大将，怜愍众生故，欲令脱苦缚，白佛言："世尊，如来向者于山顶上说偈，赞叹第一智人，前后经中之所未说。此诸大众心皆渴仰，泪如盛雨，欲闻如来说未来佛，开甘露道。弥勒名字，功德神力，国土庄严，以何善根、何戒、何施、何定、何慧、何等智力，得见弥勒？于何心中，修八正路？"舍利弗发此问时，百千天子，无数梵王，合掌恭敬，异口同音，共发是问，白佛言："世尊，愿使我等于未来世，得见人中最大果报，三界眼目光明，弥勒普为众生说大慈悲。"并八部众，亦皆如此，恭敬叉手，劝请如来。尔时梵王与诸梵众，异口同音，合掌赞叹，而说颂曰：

（略）

　　尔时，世尊告舍利弗："当为汝等，广分别说。谛听！谛听！善思念之。汝等今者以妙善心，欲问如来，无上道业摩诃般若。如来明见，如观掌中庵摩勒果。"告舍利弗："若于过去七佛所，得闻佛名，礼拜供养，以是因缘，净除业障；复闻弥勒大慈根本，得清净心。汝等今当一心合掌，归依未来大慈悲者。我当为汝广分别说。

　　释迦牟尼接下来描述的"弥勒佛国"，非常美好，但"唯有三病：一者饮食、二者便利、三者衰老。女人年五百岁，尔乃行嫁"。有一大城，名翅头末，亦是非常美好，而且——

　　"洒扫清净，设有便利地，裂受之，受已还合，生赤莲华，以蔽秽气。时世人民，若年衰老，自然行诣山林树下，安乐淡泊，念佛取尽，命终多生大梵天上及诸佛前。其土安隐，无有怨、贼、劫、窃之患。城邑聚落，无闭门者，亦无衰、恼、水、火、刀兵、及诸饥馑毒害之难。人常慈心，恭敬和顺，调伏诸根，如子爱父，如母爱子。语言谦逊，皆由弥勒慈心训导，持不杀戒、不啖肉故。以此因缘生彼国者，诸根恬静，面貌端正，威相具足，如天童子。复有八万四千众宝小城，以为眷属，翅头末城最处其中。（略）其国尔时有转轮圣王，名曰穰佉（读 ráng qū），有四种兵，不以威武治四天下，具三十二大人相好。王有千子，勇猛端正，怨敌自伏。王有七宝，一金轮宝，千辐毂辋，皆悉具足；二白象宝，白如雪山，七肢拄地，严显可观，犹如山王；三绀马宝，朱鬣髦尾，足下生华，七宝蹄甲；四神珠宝，明显可观，长于二肘，光明雨宝，适众生愿；五玉女宝，颜色美妙，柔软无骨；六主藏臣，口中吐宝，足下雨宝，两手出宝；七主兵臣，宜动身时，四兵如云，从空而出。千子七宝国界人民，一切相视，不怀恶意，如母爱子。时王千子，各取珍宝，于正殿前作七宝台，有三十重，高十三由旬，千头千轮，游行自在。有四大宝藏，一一大藏，各有四亿小藏围绕。伊钵多大藏，在乾陀罗国；般轴迦大藏，在弥缇罗国；宾伽罗大藏，在须罗吒国；穰佉大藏，在婆罗奈国古仙山处。此四大藏，自然开发，显大光明，纵广正等一千由旬，满中珍宝，各有四亿小藏附之。有四大龙，各自守护此四大藏及诸小藏，自然踊出，形如莲华，无央数人，皆共往观。是时众宝无守护者，众人见之，心不贪著，弃之于地，犹如瓦石草木土块，时人见者，心生厌离。各各相谓，而作是言：如佛所说，往昔众生为此宝故，共相残害，更相偷劫，欺诳妄语，令生死苦缘，展转增长，堕大地狱。翅头末城众宝，罗网弥覆其上。宝铃庄严，微风吹动，其音和雅，如扣钟磬，演说归依佛、归依法、归依僧。时城中有大婆罗门主，名修梵摩。婆罗门女，名梵摩拔提，心性和弱。弥勒托生，以为父母。虽处胞胎，如游天宫，放大光明，尘垢不障；身紫金色，具三十二大丈夫相。坐宝莲华，众生视之，无有厌足；光明晃耀，不可胜视，诸天世人所未曾睹；身力无量，一一节力，普胜一切大力龙象；不可思议毛孔光明，照耀无量，无有障碍，日月星宿，水火珠光，皆悉不现，犹如埃尘；身长释迦牟尼佛八十肘（三十二丈），胁广二十五肘（十丈），面长十二肘半（五丈）；鼻高修直，当于面门；身相具足，端正无比，成就相好。一一相，八万四千好，以自庄严，如铸金像；一一好中，流出光明，照千由旬；肉眼清彻，青白分明；常光绕身，面百由旬；日月星宿，真珠摩尼，七宝行树，皆悉明耀，现于佛光，其余众光，不复为用；佛身高显，如黄金山，见者自然脱三恶趣。尔时弥勒，谛观世间五欲过患，众生受苦，沉没长流，在大生死，甚可怜愍，自以如是正念，观察苦、空无常，不乐在家，厌家迫迮，犹如牢狱。时穰佉王，共诸大臣国土人民，持七宝台，有千宝帐及千宝轩，千亿宝铃，千亿宝幡，宝器千口，宝瓮千口，奉上弥勒。弥勒受已，施诸婆罗门。婆罗门受已，即便毁坏，各共分之。诸婆罗门观见弥勒能作大施，生大奇特心。弥勒菩萨见此宝台须臾无常，知有为法皆悉磨灭，修无常想，赞过去佛清凉甘露无常之偈：

　　（略）

112

说此偈已，出家学道，坐于金刚庄严道场，龙花菩提树下。枝如宝龙，吐百宝华；一一花叶，作七宝色，色色异果，适众生意。天上人间，为无有比；树高五十由旬，枝叶四布，放大光明。尔时，弥勒与八万四千婆罗门，俱诣道场（龙华第一会）。弥勒即自剃发，出家学道。早起出家，即于是日初夜，降四种魔，成阿耨多罗三藐三菩提，即说偈言：

　　（略）

　　说此偈已，默而住。时诸天龙鬼神王，不现其身，而雨天花，供养于佛。三千大千世界，六变震动。佛身出光，照于无量，应可度者，皆得见佛。

　　尔时释提桓因护世天王、大梵天王无数天子，于花林园，头面礼足，合掌劝请转于法轮。时弥勒佛默然受请，告梵王言："我于长夜，受大苦恼，修行六度，始于今日法海满，建法幢，击法鼓，吹法蠡，雨法雨，正尔，当为汝等说法。诸佛所转八圣道轮，诸天世人无能转者，其义平等，直至无上、无为、寂灭，为诸众生断长夜苦。此法甚深，难得，难入，难信，难解。一切世间无能知者，无能见者，洗除心垢，得万梵行"。说是语时，复有他方无数百千万亿天子、天女、大梵天王，乘天宫殿，持天花香，奉献如来，绕百千匝，五体投地，合掌劝请。诸天伎乐，不鼓自鸣。时诸梵王，异口同声，而说偈言：

　　（略）

　　说此偈已，头面作礼，复更合掌殷勤三请：唯愿世尊，转于甚深微妙法轮，为拔众生苦恼根栽，远离三毒，破四恶道，不善之业。尔时，世尊为诸梵王，即便微笑，出五色光，默然许之。时诸天子无数大众，闻佛许可，欢喜无量，遍体踊跃，譬如孝子新丧慈父，忽然还活。（中略）时穰佉王高声唱言：

　　（略）

　　说是语已，时穰佉王，与八万四千大臣，恭敬围绕。及四天王送转轮王，至花林园龙花树下（龙华第二会），诣弥勒佛求索出家，为佛作礼。未举头顷，须发自落，袈裟著身，便成沙门。时弥勒佛共穰佉王，与八万四千大臣、诸比丘等，恭敬围绕，并与无数天龙八部，入翅头末城。足蹑门阃，娑婆世界，六种震动，阎浮提地，化为金色。翅头末大城中央，其地金刚，有过去诸佛所坐金刚宝座，自然踊出。众宝行树，天于空中，雨大宝华。龙王作众伎乐，口中吐华，毛孔雨华，用供养佛。佛于此座转正法轮，谓是苦苦圣谛，谓是集集圣谛，谓是灭灭圣谛，谓是道道圣谛，并为演说三十七品助菩提法，亦为宣说十二因缘，无明缘行，行缘识，识缘名色，名色缘六入，六入缘触，触缘受，受缘爱，爱缘取，取缘有，有缘生，生缘老、死、忧、悲、苦、恼等。（中略）如是等无量亿众，见世苦恼，五阴炽然，皆于弥勒佛法中俱共出家。尔时弥勒佛以大慈心，语诸大众言："汝等今者不以生天乐故，亦复不为今世乐故，来至我所，但为涅槃常乐因缘。是诸人等，皆于佛法中，种诸善根。释迦牟尼佛出五浊世，种种呵责，为汝说法，无奈汝何教殖来缘，今得见我。（中略）时弥勒佛，如是三称赞释迦牟尼佛。而说偈言：

　　（略）

　　说此偈已，复更赞叹："彼时众生于苦恶世能为难事，贪欲嗔恚愚痴迷惑短命人中，能修持戒作诸功德，甚为希有。尔时众生不识父母沙门婆罗门，不知道法。互相恼害，近刀兵劫。深著五欲，嫉妒谄佞。曲浊邪伪，无怜愍心。更相杀害，食肉饮血。不敬师长，不识善友，不知报恩。生五浊世，不知惭愧。昼夜六时，相续作恶，不知厌足。纯造不善，五逆恶聚，鱼鳞相次，求不知厌。九亲诸族，不能相济。善哉善哉，释迦牟尼佛，以大方便深厚慈悲，能于苦恼众生之中，和颜美色，善巧智慧，说诚实语，示我当来，度脱汝等。如是导师，明利智慧，世间希有，甚为难遇。深心怜愍，恶世众生，为拔苦恼，令得安隐，入第一义甚深法性。释迦牟尼三阿僧祇劫，为汝等故，修行难行苦行。以头布施，割截耳、鼻、手、足、肢体，受诸苦恼。为八圣道平等解脱利汝等故。"（中略）尔时弥勒佛，与九十六亿大比丘众，并穰佉王八万四千大臣比丘眷属围绕，如月天子诸星宿，从出翅头末大城，还花林园重阁讲堂。时阎浮提城邑聚落小王长者。及诸四姓皆悉来集龙花树下花林园中（龙华第三会　图40）。尔时世尊重说四谛十二因缘。九十四亿人得阿罗汉。他方诸天及八部众六十四亿恒河沙人。发阿耨多罗三藐三菩提心住不退转。第三大会，九十二亿石雕中的佛左手执法衣角，坐在金刚座上。《佛说弥勒大成佛经》告诉我们弥勒佛说法时，坐于金刚庄严道场，龙花菩提树下，这两点已经帮助我们判断这是弥勒佛。金刚座上部有三个并列的法轮，标示出这是弥勒三转法轮，所谓"龙华三会"。

图40 弥勒三转法轮石雕

人得阿罗汉，三十四亿天龙八部发三菩提心。时弥勒佛说四圣谛深妙法轮，度天人已，将诸声闻弟子、天龙八部、一切大众，入城乞食。无量净居天众，恭敬从佛，入翅头末城。当入城时，佛现十八种神足，身下出水，如摩尼珠，化成光台照十方界；身上出火（图41），如须弥山流紫金光，现大满空，化成琉璃，大复现小，如芥子许，泯然不现。于十方踊于十方没，令一切人皆如佛身。种种神力无量变现，令有缘者皆得解脱。释提桓因三十二辅臣与欲界诸天。梵天王与色界诸天。并天子天女。脱天璎珞及以天衣。而散佛上。时诸天衣化成花盖。诸天妓乐不鼓自鸣。歌咏佛德密雨天花。栴檀杂香供养于佛。街巷道陌竖诸幢幡。烧诸名香，其烟若云。世尊入城时，

　　　　法国吉美博物馆
收藏的这尊犍陀罗石
雕，身下出水、身上
出火，右手掌中有法
轮，左手执大迦叶传
给他的释迦牟尼的法
衣一角，准确地对应
《佛说弥勒大成佛经》
内容。左手执衣角是
判断弥勒佛的关键
标志。

图 42 弥勒佛像　铜　纽约大都会博物馆藏

　　右手法轮，左手执法衣角，可以明确判断这是弥勒佛像。犍陀罗佛像很少见到铜材料的，这几乎是唯一的一件。

大梵天王释提桓因，合掌恭敬，以偈赞佛：

（略）

尔时世尊次第乞食，将诸比丘还至本处，入深禅定，七日七夜寂然不动。

（略）

尔时弥勒佛，与婆婆世界前身刚强众生及诸大弟子，俱往耆阇崛山。到山下已，安详徐步，登狼迹山。到山顶已，举足大指，蹑于山根。是时大地十八相动，既至山顶。弥勒以手两向擘山，如转轮王开大城门。尔时，梵王持天香油，灌摩诃迦叶顶；油灌身已，击大揵椎，吹大法蠡，摩诃迦叶，即从灭尽定觉，齐整衣服，偏袒右肩，右膝著地，长跪合掌，持释迦牟尼佛僧迦梨，授与弥勒，而作是言："大师释迦牟尼多陀阿伽度阿罗诃三藐三佛陀，临涅槃时，以此法衣，付嘱于我，令奉世尊！"时诸大众，各白佛言："云何今日此山顶上，有人头虫，短小丑陋，著沙门服，而能礼拜恭敬世尊？"时弥勒佛诃（呵）诸大弟子，莫轻此人，而说偈言：

（略）

说是偈已，告诸比丘："释迦牟尼世尊，于五浊恶世，教化众生。千二百五十弟子中，头陀第一，身体金色。舍金色妇，出家学道，昼夜精进，如救头然，慈愍贫苦下贱众生。恒福度之，为法住世。摩诃迦叶者，此人是也。"说此语已，一切大众，悉为作礼。尔时，弥勒持释迦牟尼佛僧伽梨，覆右手不遍，才掩两指，复覆左手，亦掩两指。诸人怪叹先佛卑小，皆由众生贪浊憍慢之所致耳。（弥勒）告摩诃迦叶言："汝可现神足，并说过去佛所有经法！"尔时，摩诃迦叶踊身虚空，作十八变：或现大身，满虚空中；大复现小，如葶苈子；小复现大；身上出水，身下出火；履地如水；履水如地；坐卧空中，身不陷坠；东踊西没，西踊东没；南踊北没，北踊南没；边踊中没，中踊边没；上踊下没，下踊上没；于虚空中，化作琉璃窟；承佛神力，以梵音声说释迦牟尼佛十二部经。大众闻已，怪未曾有，八十亿人，远尘离垢，于诸法中不受诸法，得阿罗汉。无数天人发菩提心，绕佛三匝，还从空下，为佛作礼。（迦叶）说有为法，皆悉无常，辞佛而退，还耆阇崛山本所住处，身上出火，入般涅槃。收身舍利，山顶起塔。弥勒佛叹言："大迦叶比丘，是释迦牟尼佛于大众中，常所赞叹头陀第一，通达禅定解脱三昧。是人虽有大神力，而无高心；能令众生得大欢喜；常愍下贱贫苦众生。"弥勒佛叹大迦叶骨身言："善哉！大神德释师子大弟子大迦叶，于彼恶世，能修其心！"尔时摩诃迦叶骨身，即说偈言：

（略）

说此偈已，如琉璃水，还入塔中。尔时说法之处，广八十由旬，长百由旬。其中人众若坐若立若近若远，各见佛在其前，独为说法。弥勒佛住世六万亿岁，怜愍众生故令得法眼，灭度之后，诸天世人，阇维佛身。时转轮王收取舍利，于四天下各起八万四千塔。正法住世六万岁，像法二万岁，汝等宜应勤加精进，发清净心，起诸善业，得见世间灯明弥勒佛身，必无疑也。"

佛说语已，尊者舍利弗，尊者阿难，即从座起，为佛作礼。胡跪合掌白佛言："世尊，当何名斯经？云何奉持之？"佛告阿难："汝好忆持，普为天人分别演说，莫作最后断法人耶。此法之要，名一切众生断五逆种净除业障报障烦恼障修习慈心与弥勒共行，如是受持；亦名一切众生得闻弥勒佛名必免五浊世不堕恶道经，如是受持；亦名破恶口业心如莲花定见弥勒佛经，如是受持；亦名慈心不杀不食肉经，如是受持；亦名释迦牟尼佛以衣为信经（图42），如是受持；亦名若有闻佛名决定得免八难经，如是受持；亦名弥勒成佛经，如是受持。"

佛告舍利弗："佛灭度后，比丘、比丘尼、优婆塞、优婆夷、天龙八部、鬼、神等，得闻此经，受持读诵，礼拜供养，恭敬法师；破一切业障、报障、烦恼障；得见弥勒及贤劫千佛；三种菩提，随愿成就；不受女人身；正见出家，得大解脱。"说是语已，时诸大众闻佛所说，皆大欢喜，礼佛而退。

图 43 印度阿旃陀石窟 1 号窟

　　这是最经典的《悲华经》和《佛说弥勒大成佛经》结合在一起的场面。图左面的壁画我们已经看过了，是转轮王接受宝海梵志送莲花后有所觉悟的刹那。图右面的雕像，弥勒佛坐在金刚座上，左手执法衣角，座下有旋转的法轮侧面。

图 44　印度阿旃陀石窟 1 号窟（局部）

图 45 弥勒佛像　美国纽约洛克菲勒三世收藏

图 46 弥勒佛像 印度新德里国家博物馆藏

图 47　弥勒佛像　印度新德里国家博物馆藏

　　这是笈多类型的弥勒佛像，精美绝伦！法衣贴身，下摆成 U 字形，弥勒佛左手执法衣。这是后来在中国北齐时代所谓"曹衣出水"的原型，曹是北齐佛像造型名家曹仲达。

　　记住法衣边缘的造型的细致处理，这对我们以后的造型辨识非常有用。

图 48 弥勒下生像

图 49 被毁前的阿富汗巴米扬西侧立佛

　　从前面我们看到的弥勒佛像，可以判断这尊著名的佛像也是弥勒佛像。这尊佛像的左手在印度莫卧尔王朝时期就毁掉了，不知道它是不是在执法衣，但是，我们可以把法衣的两侧做一个比较。右侧垂下的法衣，是分开的两条。左侧垂下的法衣，合拢成一条。为什么合拢？显然它的上端被捏拢执在掌中。我们再注意右侧内里衣摆，处理得非常细致，全身的衣纹随身形飘拂，具有笈多类型的处理。由此我们可以想象出法衣的下摆也是U字形的，从类型判断，这应该是笈多工匠设计完成的。

　　如果恢复这尊佛像，参考笈多型的弥勒执法衣立像，应该是最接近原型的。

图 50　2001 年 3 月 12 日，阿富汗塔利班使用炸药摧毁了巴米扬大佛。

图 51 《佛说弥勒大成佛经》雕像　阿富汗白沙瓦出土　阿富汗喀布尔博物馆藏

大迦叶骨像——非释迦牟尼苦修坐相

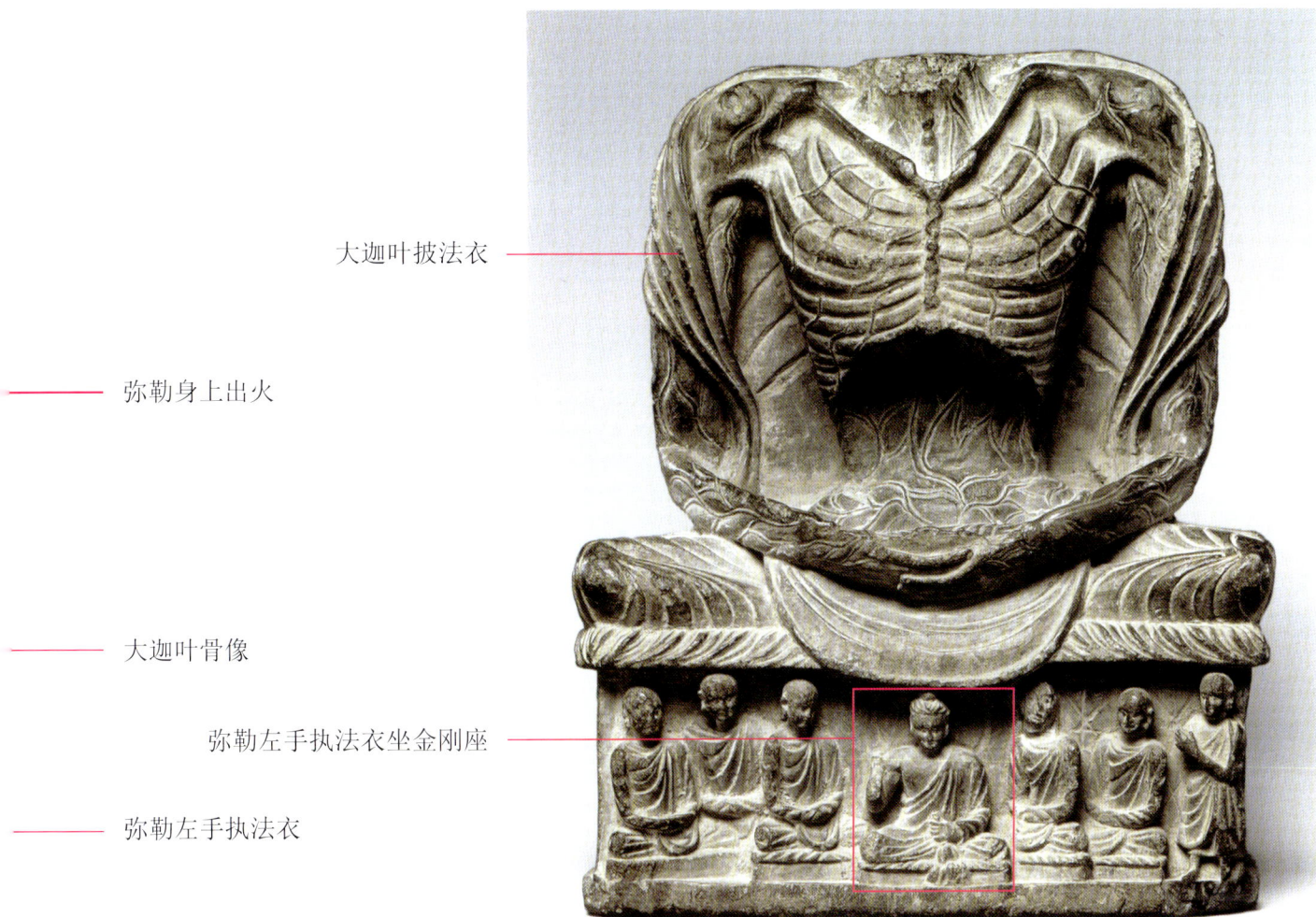

大迦叶披法衣

弥勒身上出火

大迦叶骨像

弥勒左手执法衣坐金刚座

弥勒左手执法衣

图 52 《佛说弥勒大成佛经》大迦叶骨像　原题 Fasting Buddha Shakyamuni　美国大都会博物馆藏

　　我们读过《佛说弥勒大成佛经》，就能清晰辨析出常说的释迦牟尼苦修像，实际上是《佛说弥勒大成佛经》中所说的大迦叶"骨像"。现在我们看到的左右两个石雕，互为证明法衣的传递关系。释迦牟尼涅槃之前，手执法衣，交给大迦叶，嘱托大迦叶保存到弥勒下生成佛，递交给弥勒。

　　《佛说弥勒大成佛经》中，详细述说了这个递交的过程。

　　判定弥勒佛的标志有两样是经典标志，一是左手执法衣，二是坐金刚座。

　　弥勒继承释迦牟尼的法衣，本质是救助不净土中的俗众，使其觉悟。如果不净土中的俗众都觉悟了，此不净土，即成净土。在不净土中让俗众觉悟，需要极大的能量，因此需要金刚座的加持。

　　因此，我们可以把佛像分成两类，一是脚踩莲花或是坐在莲花座上，二是脚踩平地或坐在金刚座上。从《悲华经》我们可以知道，释迦牟尼生前发誓往生不净土，所以不会有清净世界的莲花标志。从《佛说弥勒大成佛经》中我们知道，弥勒下生到不净土，也就是我们这个世界，继承释迦牟尼的誓言，所以也不会有清净世界的莲花标志，只有金刚座标志。

　　弥勒佛坐金刚座，中国民间俗称"板凳佛"，板凳指的是平面的金刚座。

图 53　《佛说弥勒大成佛经》大迦叶骨像　原题 Fasting Buddha　巴基斯坦拉合尔博物馆藏

　　大迦叶坐金刚座骨像下面的油灯，再一次证明大迦叶是传灯者。传灯，即是传递佛法。

图 54　《佛说弥勒大成佛经》大迦叶骨像　原题 Emaciated Siddhartha　Bumper Group of Companies 藏

大迦叶坐金刚座骨像下面的浮雕虽然被铲除，但是我们已经知道大致应该是什么内容。

图 55 莫高窟第 257 窟　北魏　主室　中心柱南向面　敦煌研究院提供

　　这几乎是中国境内仅见的大迦叶骨身像，坐于金刚座上，双手托住法衣角。两边是王室成员。从大迦叶骨身胎体的处理看，应该是北凉时期制作，北魏时期再做涂敷。

图 56 释迦牟尼涅槃像　印度阿旃陀石窟 26 号窟左侧回廊　网络图片

　　这个释迦牟尼涅槃像前，是很窄的走廊，没有特别的镜头，是拍不完整的，因为石雕像有五米长。我当年站在这里，感觉是亲身参加到悲痛的人群中，这可能是当年设计者有意把通道设计得很窄的理由。按照佛经的规定，释迦牟尼是右胁侧卧，右手支颐，左手顺体，双脚并拢，这个涅槃像雕刻准确。但是这个雕像最引起我注意的是，释迦牟尼的左手，执了法衣一角。在我看过的释迦牟尼涅槃像中，无论是绘画还是雕塑，这是仅有的一尊。我认为这尊释迦牟尼涅槃像，是最准确的。它表达出《佛说弥勒大成佛经》中大迦叶"持释迦牟尼佛僧迦梨，授与弥勒，而作是言：'大师释迦牟尼多陀阿伽度阿罗诃三藐三佛陀，临涅槃时，以此法衣，付嘱于我，令奉世尊！'"这尊释迦牟尼涅槃像表达了传法者手执法衣的情景，这个法衣，就是将来弥勒左手执的法衣。

　　还有另外仅有的一尊涅槃像，也是在别的地方没有见过的。四川省安岳县城以北二十五公里的八庙乡卧佛沟有一尊巨大的，据说是唐代制作的释迦牟尼涅槃像（图 57）。同样是面对观众，却是左胁侧卧，这样就不可能右手支颐了，于是与佛经的状写不符。唐代的监制者怎么会违犯经典呢？施工、验收、开光时，没有人提出疑问吗？怪。

图 57　释迦牟尼涅槃像　四川省安岳县八庙乡卧佛沟

图 58 佛范
新疆于田县喀孜纳克佛寺遗址

图 59 菩萨泥范与翻模
新疆和田博物馆藏

图 60 佛脚范（左） 新疆皮山县杜瓦遗址
火焰纹范（右） 新疆和田县库玛尔
石窟遗址

这个精美的弥勒佛头（图61），不是石雕，看了那么多犍陀罗的石雕，我要特别提醒一下。先用木头雕一个模范，这比较难，应该是先塑一个泥像，之后翻一个比较结实的泥范，所谓阴模，烧成陶，再用这个阴模翻制出许多阳模，我们看到的这个精美的佛头，就是其中的一件阳模，也就是成品。在这个成品上，再敷彩，我们可以清楚地看到保存下来的敷彩痕迹。雕塑系的同学都知道，复制圆雕，范模是要根据实体分成很多部分的，之后将范模合起来，灌石膏，再拆开模范，复制就成功了。但是我们看这个头，像是由一个半圆模翻出来的，因此在逻辑上，源头像必须改变那些会造成脱模困难的部分，比如鼻翼，会修的扁薄。可是耳朵？它是个突出构造，会阻碍半圆模的脱出啊。所以实际上这个头像，是由鼻翼为基准线分开的两个半圆模翻出来，之后再对粘在一起完成的。这样的佛头如果是螺发发型，就把用模范翻出来的一个个螺发安到头像上的小坑上；如果是波浪发型，就把用模范翻出来的波浪发型泥片，敷到头上去。

如果你有全套的模具，就会很快地建起一座寺庙的所有的像，这是传法的最快的方法。南齐的谢赫的六法中，传移模写，除了画稿，也包括了脱模成像的制作法。我们在新疆地区，还可以找到当年这一法的遗迹（图58、59、60）。西藏的"擦擦"佛，也属这一类，模具是铜。画像，要求有训练的工匠，而翻模，小工就可以了。翻一个小泥像，上彩，买回家供起来，实实在在，坏了再买一个翻的，很高兴呢。

敦煌千佛洞，就是一个泥和彩的世界。

图 61 弥勒佛像 模压白膏泥 纽约大都会博物馆

昙曜五窟

前面讲了北凉的国王沮渠蒙逊在昙无谶的引导下，将北凉建成犍陀罗式大乘佛教政权国家。再次提醒你们，这样的政体的最高权力者，是称王而不称帝，因为帝是神的意思，与佛是冲突的。这也是佛教初传到中国时沙门不拜帝王的原旨，只有帝王拜佛，哪里有法施者拜供养者帝王的道理呢？我们知道，史书记载的首次冲突，是东晋咸康六年（340），车骑将军庾冰代晋成帝下诏，令佛教僧人见皇帝时行跪拜礼。

而此时北朝的北魏，正是太武帝拓跋焘执政的时候。

公元4世纪，386年，拓跋珪在牛川自称代王，重建代国，定都盛乐，也就是现在的内蒙古呼和浩特市和林格尔县。同年改国号为"大魏"，意思是我是继承汉、魏的，史称"北魏"。十多年后，398年，拓跋珪迁都平城，也就是现在的山西大同市，开始称帝，后人谥他为道武帝。他去世后，明元帝拓跋嗣继位。一直到公元5世纪，439年，太武帝拓跋焘灭掉北凉，北魏才统一北方，隔淮河与南朝的刘宋对峙。此时南朝刘宋的宋文帝刘义隆，在十六年前与拓跋焘同时在各自朝廷登位，互相虎视眈眈。

有意思的是，南朝的宋、齐、梁、陈，凡提到北魏，都是"伪魏"，也就是说，在南朝的眼里，北方的"魏"，是不合法的。我小时候的教科书上，"伪军""伪政权"，意思都是不合法，其来有自。太武帝拓跋焘之后，是文成帝拓跋濬、献文帝拓跋弘、孝文帝元宏。孝文帝为什么不姓拓跋了呢？因为孝文帝要全盘汉化，规定拓跋改为姓元，到了493年，孝文帝元宏为了避开抵抗汉化的鲜卑势力，从平城迁都到了洛阳。

北魏的儒佛之争

我们回到太武帝拓跋焘的时候。《集古今佛道论衡》描述太武帝执政之初"每引高德沙门与谈玄理。于四月八日舆诸佛像行于广衢，帝亲御门楼，散花礼敬，笃敬兼至"。太武帝拓跋焘看到北凉沮渠蒙逊使用佛教治国，非常想在北魏也施行同样的方法。我们现在很难体会当时权力者的思想状态，佛教治国会有那么灵吗？

而此时北魏还有一个人，对太武帝倾向佛教治国，非常焦虑。这个人就是历史上非常著名的崔浩。崔浩的父亲就在北魏做官，他自己更是从道武帝到明元帝两朝都被重用，尤其是在明元帝拓跋嗣执政的时候，成为北魏最重要的谋划者，国师。公元424年底，拓跋焘即位，是为北魏太武帝，改年号始光，上层官员忌恨崔浩，排挤毁谤他，拓跋焘碍于众议，只好让崔浩回家闲居，但重大事情，还是请教崔浩。《北史·太武本纪》说，始光三年（426），建太学于城东，祀孔子，以颜回配。

　　所以，此时崔浩一是焦虑太武帝对佛教有兴趣，二是焦虑如何返回政治权力中心。

　　崔浩出身北方清河崔氏名门，姻亲交往是与范阳卢氏。我们知道，汉代开始，逐渐形成掌握知识的是名门大族，权力者使用的精英，基本从这些名门大族来。实际上，是这些名门大族保持着文脉。西晋末年，衣冠南渡，是为东晋，随政权南渡的名门大族，代表了文脉南移。而像崔浩这样的人，虽然氏族没有南迁，但坚持文脉，当然是责任。崔浩包括他的上三代，都出仕南方政权认为的"伪魏"，崔浩为北魏皇帝谋划时，从来讲的是先秦和汉代文史，包括谶纬方术。同为汉代延续下来的名门之士，崔浩为"伪政权"服务，难道心理没有压力吗？

　　这里，就不得不说到"亡国"与"亡天下"的概念。

　　明末清初的顾炎武在《日知录·正始》里说："保国者，其君其臣肉食者谋之；保天下者，匹夫之贱与有责焉耳矣。"清末民初的梁启超在《饮冰室合集》里总结为"天下兴亡，匹夫有责"。还是顾炎武说得清楚一些，国，是国的所有权者关心的事，溥天之下，莫非王土，当然只能王去操心；率土之滨，莫非王臣，所以拥有治理权，也就是"率"的臣子也要操心，所谓肉食者谋之。民是什么呢？所有权和治理权都没有，为什么有保天下的责任呢？

　　所以这个保天下的"天下"的意思，实际上是文脉的意思。这个文脉，其中含有执行文脉的礼的意思。觉醒者孔子所说的礼，基础是仁，而觉醒的最高境界是"吾与点"的自由状态。这个我在以前"天极与先秦哲学"那部分课里已经讲过。这个文脉，不管在汉代有何异化，总还是有的。

　　所谓华夏与蛮夷之辨，之区分，就在于执行不执行这个文明之礼。执行，就是华夏，不执行，即蛮夷。不执行也没什么，蛮夷而已，不强迫，蛮夷自己活得也挺好。所以这个文脉里，没有民族之分，不是民族主义。后来孙文的"驱逐鞑虏，恢复中华"，就倒退了，当然孙文用的是当时西方殖民者使用的民族概念，煽动民族主义革命，虽然后来变成"五族共和"，还是有民族之辨。

所以，讲回到崔浩，他的焦虑正是不能亡天下，断文脉的焦虑，尤其是面对鲜卑蛮夷。他赋予自己的责任，是想办法使鲜卑化入汉礼。结果太武帝拓跋焘想入佛礼，崔浩焉能不焦虑！焦虑中的第一步，就是想办法回到权力中心。

这个办法就是推荐道教给太武帝，虽然崔浩很看不起道教。崔浩请天师道的领袖寇谦之到平城来，结果太武帝没兴趣。《魏书·释老志》记载崔浩上书给太武帝说，我听说帝王的权威是要和天有呼应的，以前的河图洛书之说，远不如现在我推荐的人神接对，超过古人。这是上灵之命啊，如果忽视，我是很恐惧的。

结果，太武帝派人去祭嵩岳，宣布崇奉天师道，改年号为神麚。于是崔浩回到北魏朝廷，进爵东郡公，拜太常卿。崔浩回到权力中心后，《魏书·世祖纪》说，神麚元年（428），太武帝到广宁，以大牢，也就是用帝王的级别祭黄帝、尧、舜。天师道晾一边儿了，崔浩要的是儒教。

其实太武帝无所谓道教、儒教，他看中的是崔浩懂谶纬之术，会观星象，会扶乩，有预言准确的能力。崔浩预言过太武帝能攻克赫连昌和蠕蠕，也就是柔然这两个强敌，果然是这样。《魏书·崔浩传》记载太武帝在军队面前，指着崔浩说，你们别看这个人不能弯弓持矛，其胸中所怀，比你们厉害多了，我能每次打胜仗，都是他指导我的啊。

太武帝拓跋焘是个实用主义者，在笃信道术上，他还惦记着北凉的高僧昙无谶，因为昙无谶在密咒、房中术上名气甚至超过鸠摩罗什和佛图澄。太武帝派太常卿李顺去向沮渠蒙逊索要昙无谶，沮渠蒙逊当然不会答应，太武帝于是再派李顺去要，警告说，如果不送来，我就派兵来接了啊。

沮渠蒙逊不送昙无谶，又要保自己，于是在北凉义和二年（432）八月，将自己的儿子沮渠安周送到北魏做人质讨好太武帝。一个月后，太武帝派太常李顺去凉州封沮渠蒙逊为凉王。大家先都不撕破脸。

隔年（433）三月，昙无谶说是译的《涅槃经》不完全，要去西方找来缺失的部分。傻瓜都明白这是什么意思，沮渠蒙逊很不高兴，但还是答应了，结果派人在昙无谶离开的路上干掉了这个四十九岁的高僧。不料两个月后，六十六岁的沮渠蒙逊也得病死了。我年轻时读史到这一节，惊出一身冷汗，别真是因果报应啊。

佛教西来，僧人们的最终理想，就是让中国成为佛教的政教合一状态。昙无谶当然是想转进到一个强盛的大国，也就是北魏去实现理想，那样功德更大。这比后来传说的达摩见梁武帝还有差别。梁武帝几次投到寺里做和尚，再让朝廷赎自己还俗，等于送钱给庙里，见到达摩，说我建了多少多少庙，我的功德大吧？达摩说你一点功德都没有，之后一苇渡江，离开了。什么意思？我们现在应该明白了，达摩的意思是，梁武帝你不做佛教转轮王，只是财施供养，做自己的皇帝，就像《悲华经》里的那个删提岚国王无诤念，光供养有什么用啊？多宝佛顶多就是"默然许之"而已，有什么功德啊！同样的，你梁武帝不做佛教转轮王，就毫无功德。达摩也是坏脾气，连默然许之都没有，也不留下劝导，一跺脚过长江到北朝。昙无谶算客气的，还找了个取经的借口。传说达摩到北朝后，面壁十年，为什么？因为此时正是北魏迁都洛阳后的汉化的高潮期，而且完成犍陀罗式大乘政教合一已经五十多年了，没有自己的机会，只好面壁等待吧。

沮渠蒙逊死后，沮渠牧犍继位，马上送自己的幺妹儿兴平公主去北魏给太武帝做右昭仪。太延三年（437），太武帝也将自己的妹妹武威公主嫁给沮渠牧犍。联姻的背后，北凉是为自保，北魏是想取得北凉的僧团，逼急了，怕北凉把僧人都干掉，慢慢来，昙无谶是先例啊。

这个慢慢来，是距沮渠牧犍登位后的第六年。北魏在太延五年（439）九月灭掉北凉，将沮渠牧犍宗族和官吏民众三万户，迁徙到平城。北凉的僧团，则是被请到平城，马上成为权力中心的座上宾，其中，当年投奔昙无谶的玄高，成为太子拓跋晃的门师。其他如释慧崇成为尚书韩万德的门师，昙曜成为太傅张潭的门师。

太子晃当时已经是监国，等于是皇帝实习生，当父亲拓跋焘离开首都平城的时候，儿子拓跋晃就留在平城处理朝政。有玄高为门师的太子晃，继位之后，当然会施行佛教治国。而且，北魏这时开始有修建佛寺的举动，北凉僧团不是白来的。

这种情况下的崔浩，当然非常非常焦虑。

《魏书·崔浩传》说："（浩）妻郭氏敬好释典，时时读诵，浩怒，取而焚之，捐灰于厕中。"相当地家暴，我猜测就是在这个时期，崔浩由焦虑到焦躁。

崔浩于是再次使用天师道。公元440年，《魏书·释老志》说崔浩和寇谦之劝太武帝改年号为"太平真君"。一个典型的道教年号。太平真君三年，寇谦之上奏太武帝"登道坛，受符箓"，要太武帝做道教皇帝，太平真君，灌顶。太武帝照做了。寇谦之再要求造"静轮（天）宫"，"必令其高不闻鸡鸣狗吠之声，欲与天神交接"。太武帝批准了。

结果这个静轮宫工程浩大，一直完不成。可这个完不成，是崔浩故意的，只要静轮宫不完成，就能牵制太武帝道教治国。若完成了，哪怕造了一半儿，一定会成为今天大同的旅游景点。

太子晃当然不是傻瓜，对父亲拓跋焘说，这么做劳民伤财，还不知道要到哪天！既然要登天，何不去东山万仞之上开始盖，也能省财力啊。太武帝说是啊，可是崔浩赞成造静轮宫啊。

与其说太武帝选择道教还是选择佛教，不如说他只有一个选择，就是笼住能助他打胜仗的崔浩，尤其是北凉来的僧人还没有证明他们也行的时候。

崔浩的回击是举告晃太子谋反，太武帝还真就把太子晃禁闭了。

不过不久太武帝就对大臣们说他做了个梦，梦见他父亲，也就是明元帝拓跋嗣说他无故怀疑太子。大臣们附和说是啊，于是就把太子晃放出来了。

崔浩继续进攻，对太武帝说，你这个梦肯定是那个太子的玄高用道术弄的，他有这个本事，将来不知会再弄出什么呢，杀掉他吧。其实崔浩早有先招儿，这年的春天，已经诏书下令全国上下禁止私养僧人和金银工匠，二月十五日以前不照办的，杀头灭门。后来太武帝以此诏为据，抓捕玄高、释慧崇，在平城行刑缢死，也就是绞颈而死，又有说是砍头的，总之身首分离，《高僧传·玄高传》记载，时在太平真君五年（444）九月十五日。过了一年，太平真君六年（445），将太子晃也杀掉了，也有说法是忧郁而死。

好死不死，就在这一年，太平真君六年九月，盖吴在杏城也就是现在陕西黄陵造反。太武帝讨伐到长安，崔浩随征。《魏书·释老志》记载太武帝到一个庙里，里面的和尚拿酒给随从喝，结果随从到和尚屋里，看见弓矢矛盾，出来报告了，太武帝大怒，说和尚怎么会用这个？一定是与盖吴通谋！再一深查，发现庙里有密室，用来与上层富婆搞淫乱。这下被崔浩逮着了，请太武帝下诏诛杀长安的和尚，砍烧佛像。太平真君七年（446）三月，太武帝又下诏全国灭佛，指斥得很有意思，说从东汉明帝梦到佛后，佛教一路下来造成"政教不行，礼义大坏"，于是"自今以后，敢有事胡神及造形像泥人、铜人者，门诛"，"有非常之人，然后能行非常之事"。不是我，朕，拓跋焘，非常之人，谁能做到"去此历代之伪物"这样的非常之事！于是北魏全国毁佛像，僧人无论老幼，坑杀。这个灭佛诏，从观点到语言，应该是崔浩写的。这就是史称"三武灭佛"中北魏太武帝的这一"武"。

这样的灭佛，连寇谦之都看不下去了，激烈反对，崔浩当然不听。《魏书·释老志》记载气头上的寇谦之对崔浩说，你过不了几年，会被"受戮，灭门"！果然，四年后，太平真君十一年，公元450年，《北史》说崔浩被囚在木笼里送去刑场，几十个军士往他头上撒尿，腌杀刑伤，崔浩嚎叫一路，死得很惨，时年七十岁，平天下的壮志未酬。崔浩一死，"太平真君"年号立刻废改。

不过崔浩的死，不是因为儒佛之争，北魏僧团已经被他灭了，而是他写了北魏的国史。写了还不算，还刻成碑石，立在平城路两边。这个史是秉笔直书，写了大量鲜卑拓跋的"秽史"，也就是在儒家看来的乱伦，成了一部"禽兽史"。在崔浩看来，鲜卑拓跋是蛮夷，应该按礼转成华夏，要立碑成训，广而告之。司马迁的《史记》，也是写本朝皇帝的不堪，但"藏诸名山"，历代史官记载本朝实录，是皇帝也不许看的。崔浩写史，反而广而告之，被人举报，后果是可以想象的，碑当然被砸了。我个人认为碑被砸是最可惜的，从人类学的角度看，其中当有大量的游牧民族的萨满巫教资料，当有大量生死婚嫁的习俗记载，乱伦怎么个乱法等等，就这么砸没了。后来唐代的时候，有人感叹鲜卑的歌儿都没有了，我想崔浩的"禽兽史"里，一定记载过鲜卑的"禽兽"歌谣吧。大同的考古发掘，我个人认为应该特别注意被压在大同城北下面的平城遗址有无当年的碎碑遗物，拼出一点是一点啊。崔浩的转蛮夷入华夏的激烈行为，一定影响了后来出身汉籍的文明太后冯氏和孝文帝拓跋宏,坚决迁都洛阳,下诏全盘汉化,连拓跋这个氏,都改成姓元,拓跋宏变称元宏。我们近当代都不可能有这么彻底的全盘西化。

不过也许崔浩当时可能认为以北魏的国力,会在不久的将来完成北、南方的统一,北魏也确实击败了南朝刘宋的北伐,所以急于教化北魏,以图平天下大任,自己也当然成为文脉圣人。当时北朝确实强于南朝,所以孝文帝拓跋宏可能也是这么认为的,急于全盘汉化,迁都洛阳,政治中心逼近南朝。可是,北魏末年,贾思勰写《齐民要术》,几乎是手把手教农耕技术,连怎么在田边扎篱笆都有专条,可见北魏从盛乐迁都平城再迁都洛阳,一直到北魏分裂为东魏、西魏,那么长的时间里,鲜卑族并没有真正转入农耕状态,后来接续东魏的北齐,甚至回返鲜卑化,这些都在在说明制度大事急不得,只争朝夕,会回到初级阶段。

崔浩死后两年,正平二年(452),太武帝拓跋焘被宦官中常侍宗爱所杀,年四十四岁。宗爱再被杀,太子晃的儿子拓跋濬继位,兴安元年(同在452年),立刻下诏启用佛教。

此前在太武帝灭佛时逃散隐匿的北凉僧团立即现身,师贤成为以前寇谦之担任的道人统,也就是宗教总管,这时的宗教由道教转为佛教。之后,应该是460年开始,昙曜受命开始在平城武周山建造巨型佛窟,最著名的"昙曜五窟"是第一期工程。

下面我们就先看一下昙曜五窟的资料,有了案头准备,过些日子我们去大同云冈,实地观察和现场分辨就效率高了。先做案头资料准备,再看艺术馆、博物馆,应该成为我们进行造型研究的操作规程。

昙曜五窟现场

第20窟　　　　　　　　第19窟　　　　　　　　第18窟

图 1 云冈石窟中昙曜五窟全景　山西大同

　　这是昙曜五窟全景，取自水野清一、长广敏雄1938年到1945年期间在云冈石窟的调查报告，这个报告在1952年由京都大学人文科学研究所出版为《云冈石窟》。云冈石窟1961年被国务院公布为全国首批重点文物保护单位，2001年12月14日被联合国教科文组织列入世界遗产名录。现在的石窟前，种有树木，所以拍不到这样的全景图片了。从历史时间顺序来说，这五窟是最早建立的，理应编为第1、2、3、4、5窟，大

第 17 窟　　　　　第 16 窟

概当时调查者从整个云冈窟群的东边开始编号，昙曜监制的这五窟反而编到后面了。但是凡研究云冈石窟的人，都要使用这个序号，所以也就不必再讨论了。从外观看，第 19、18、17、16 窟，门上都开有龛窗，我认为这是当年为雕刻巨大的佛像采光照明用的。当年在这五个石窟前应该建有木制宽廊，第 20 窟和第 19 窟当中的那个露天小窟暗示出我猜测的结构。

WHICH HAS BEEN REMOVED
TO TAXILA MUSEUM

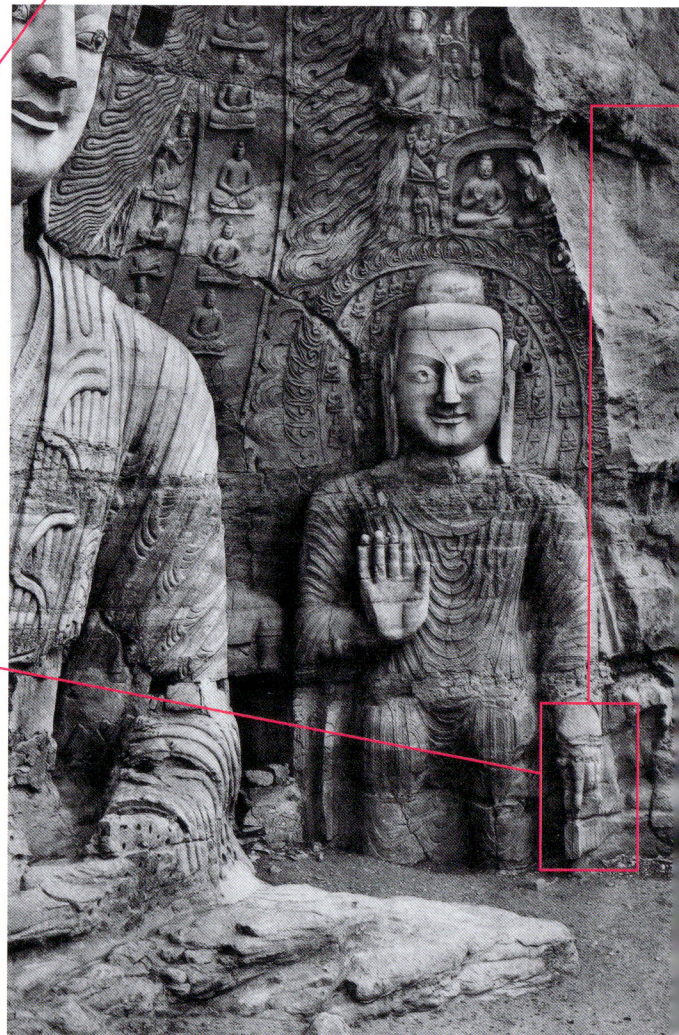

图 2 第 20 窟（上）　日本京都大学版《云冈石窟》图版
图 3 巴基斯坦塔克西拉遗址（下左）　梁鑑 摄
图 4 第 20 窟右侧（下右）　日本京都大学版《云冈石窟》图版

图5 第20窟局部 作者 摄

图6 第20窟局部 日本京都大学版《云冈石窟》图版

第20窟。窟的西侧已经崩坏，因此看不到西侧雕像。一般的配置，主佛两侧应该是胁侍菩萨，但是我们发现东侧的位置上是个主佛规格的立雕像，它的法衣造型和当中主佛的法衣造型一致。我们仔细观察东侧雕像的左手，从弧形衣纹来看，法衣被提起，按《佛说弥勒大成佛经》弥勒佛造型的规定来看，东侧的主佛，是继承法衣的弥勒佛。巴基斯坦塔克西拉遗址有一个同样的组合结构，龛内右侧有同样是主佛规格的膏泥像，它的左手明确捏着法衣角（图3框内），这个细节告诉我们云冈石窟第20窟的内容来源：当中的主佛是释迦牟尼佛，东侧的是得到释迦牟尼佛的法衣传承的弥勒佛。

我们同时也就找到了云冈第20窟西侧缺失的雕像的原型，它也是个佛规格。那么西侧缺失的是谁呢？从《悲华经》里我们知道，授释迦牟尼佛称号的是多宝佛，这样我们应该明白第20窟佛像的顺序是从西到中再到东，依次是多宝佛、释迦牟尼佛、弥勒佛。将《悲华经》和《佛说弥勒大成佛经》结合在一起，是第20窟的主题。这个主题是昙曜严格按照犍陀罗模式制作的。

但是大家会观察到弥勒佛的上方（图6框内），有二佛并坐在佛龛里，二佛都执法衣。这应该是略去了《佛说弥勒大成佛经》中大迦叶保存法衣的情节，直接表达释迦牟尼佛传法衣给弥勒佛。

图8 主尊弥勒佛像局部　日本京都大学版《云冈石窟》图版

图9 第19窟门入口局部　日本京都大学版《云冈石窟》图版

　　第19窟。主尊佛的法衣与第20窟是一致的。按《佛说弥勒大成佛经》的内容，主尊雕像是明确地执"只掩二指"的法衣的弥勒佛。这个窟的主题，就是弥勒下生成佛。弥勒佛右手施无畏印，按法国吉美博物馆保存的犍陀罗弥勒佛下生成佛像的规制，这尊金刚座上的弥勒佛像的右手掌心，当年应该绘有鎏金法轮。

　　窟内有许多二佛执法衣并坐的龛刻，重复强调弥勒佛传承释迦牟尼佛佛法的合法性和重要性。

149

图7 第19窟主尊弥勒佛像　作者 摄

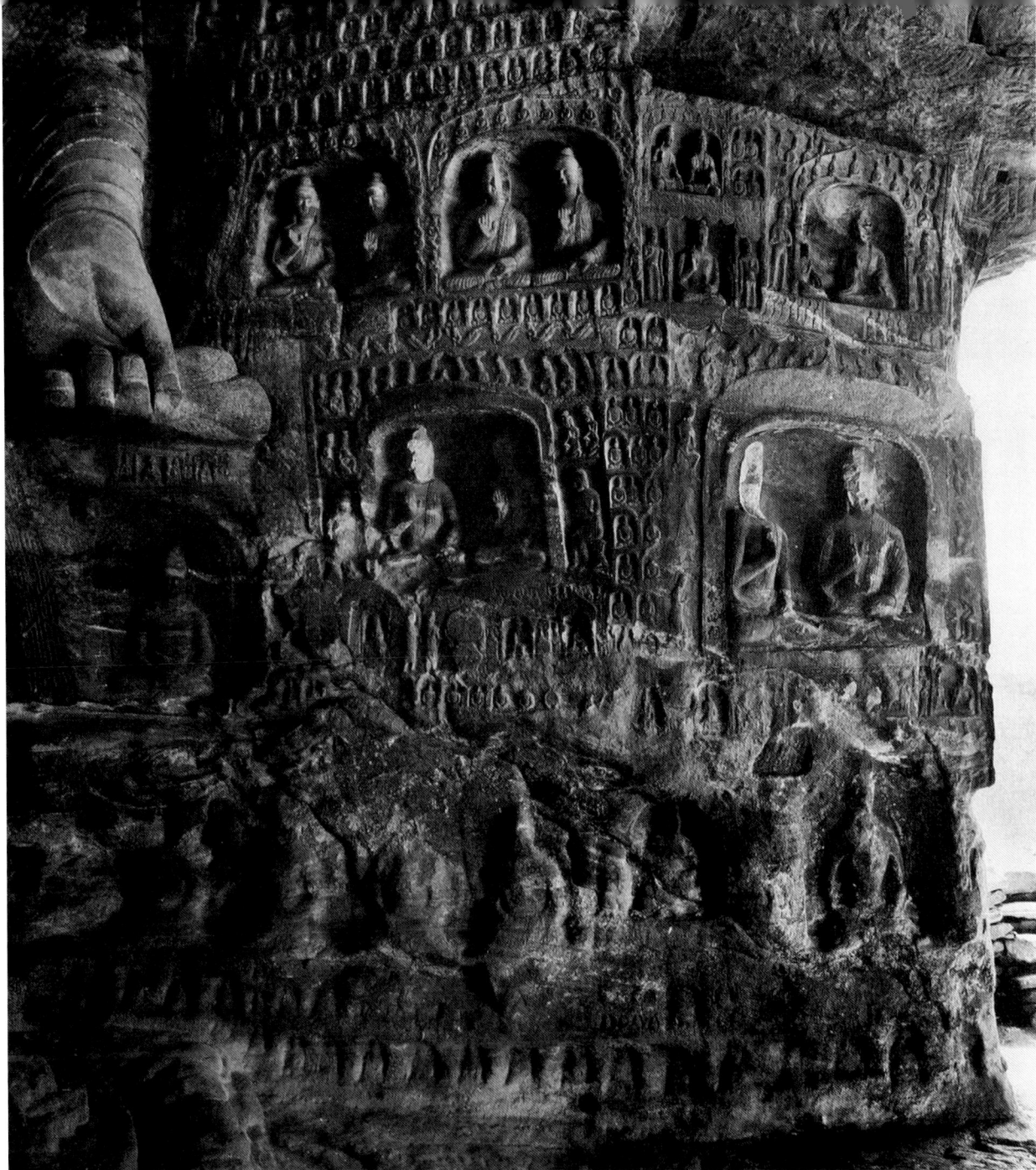

图11 第18窟南壁局部　日本京都大学版《云冈石窟》图版

第18窟。主尊立佛同样左手执法衣，这仍然是弥勒佛吗？《悲华经》告诉我们，多宝佛许转轮王无诤念将来成无量寿佛；转轮王有千子，多宝佛也一一许他们未来成佛，所以这个法衣上雕有"千佛"的主尊，应该是《悲华经》里的无量寿佛。千佛与无量寿佛的这种造型关系，可以帮助我们判定主尊佛像。

窟内有多处二佛并坐的刻龛，依然是传承的意味，但这个窟表达的应该是佛法传给了无量寿佛。弥勒佛的袈裟上从来没有千佛的造型表达。

图10 第18窟主尊无量寿佛立像　作者 摄　　　　　　　　　　　　　　　　151

图 12 主佛左侧　作者 摄

　　非常特别的是，无量寿佛的后面，左、右壁的中层雕有僧人群像（图12、13），每个雕像都有自己的特点，是非制式的。我们知道，太武帝拓跋焘灭佛时，将高僧玄高砍头，而无量寿佛的左侧，恰恰有一个有头无身的头像，表情欣慰而从容（图14），由此我们可以判定无量寿佛左右的僧人群像，是当年的殉难僧团，只是我们除了玄高，无法判断其他僧人具体是何者。昙曜当年一定有名单，所以才能再现每个僧人的特点。这组殉难僧团群像石雕，是大乘佛教"身施"的经典，是杰作，实在应该复制下来，单独陈列，成为中国佛教艺术经典。

　　古正美先生认为太武帝拓跋焘执政时期，在崔浩的唆使下灭佛，造成教难，所以窟里的主尊应该是对应拓跋焘。我认为拓跋焘从来没有成

图 13 主佛右侧　作者 摄

为转轮王，也就无从成为无量寿佛，按照古正美先生研究的一佛对应一转轮王的关系，这个窟不应该对应拓跋焘。考虑到拓跋焘执政前期对佛教的接受，灭掉北凉，接北凉僧团到首都平城，正是这种表现导致了崔浩的警惕，引入道教，再导致了佛教教难，所以拓跋焘对北魏接受佛教还是有很大作用的。这也许是昙曜对北魏历史的一个宗教安排？毕竟昙曜开凿五窟的时候，北魏已经是佛教治国的时期，把教难僧团安排在这一窟里，应该是昙曜对拓跋焘的暗示。这样看来，古正美先生的判断，还是有道理。

图 14 主佛右侧（局部）　玄高像　作者 摄

图 15 第 17 窟转轮王文成帝拓跋濬
交脚像 作者 摄

第 17 窟。主尊是交脚转轮王像。当时在位的是文成帝拓跋濬。北魏从文成帝拓跋濬正式开始佛教的政教合一的制度，也正是这个开始，才有了昙曜监制开凿云冈五窟。另外提醒注意的是，交脚转轮王坐像的胸前，有两个龙头昂起（图15框内），这是《悲华经》告诉我们的转轮王诸宝的龙头璎的北魏形式，明确的王权象征。

《魏书·释老志》说师贤为文成帝作像"令如帝身"，将拓跋濬脚上的痣也表达出来。昙曜设计监制的文成帝石像，足部已残蚀，不知道有没有那颗痣，也许是彩绘时画上去？

不过我们可以在第13窟看到里面的交脚转轮王的脚上，确实有颗黑石，所以第13窟主尊应该也是文成帝拓跋濬。

不过在这个窟里，我们可以看到明确的支提造型（图16）。这就涉及到我们读过的《妙法莲华经》的法华信仰和支提崇拜。难道昙曜在这里明示文成帝拓跋濬持法华信仰和支提崇拜吗？

图16 第17窟入口门侧支提造型
日本京都大学版《云冈石窟》图版

图 17　云冈石窟第 2 窟中心支提柱

支提与塔

我们有必要在这里辨别支提和塔。

塔，梵语 stūpa 的音译，佛经里译为窣堵波或塔。窣，读苏的音。唐代黄滔的《大唐福州报恩定光多宝塔碑记》说："释之西天谓之窣堵波，中华谓之塔。"《新唐书·西域传》说："（中天竺）死者燔骸取灰，建窣堵，或委野中及河，饵鸟兽鱼鳖，无丧纪"，说的是印度丧葬风俗中存骨灰的塔，到了佛教，《大般若波罗蜜多经·窣堵波品》说："于诸如来涅槃后，为供佛设利罗（舍利）故，以妙七宝起窣堵坡，种种珍奇间杂严饰。其量高大一逾缮那，广减半高。"比较详细的是《根本说一切有部毗奈耶杂

图18 云冈石窟第5窟支提　　　　　图19 云冈石窟第6窟支提　　　　　图20 云冈石窟第6窟支提

事》中记载："佛言应可用砖两重作基。次安塔身，上安覆钵。随意高下，上置平头，高一二尺方二三尺。准量大小，中竖轮竿，次着相轮。其相轮重数，或一、二、三、四，乃至十三，次安宝瓶……佛告长者，若为如来造窣堵波者，应可如前，具足而作，若为独觉，勿安宝瓶。若阿罗汉，相轮四重。不还至三，一来应二，预流应一；凡夫、善人，但可平头无有轮盖。"

但是之前在东晋时佛驮跋陀罗和法显译的《摩诃僧祇律》告诉我们："有舍利者，名塔；无舍利者，名支提……此诸支提得安佛、华盖、供养"，

图 21 北京昌平法华寺支提群　徐童 摄

图 22 北京昌平居庸关支提座金翅鸟

图 23 北京昌平法华寺支提
金翅鸟　徐童 摄

图 24 日本奈良兴福寺五重支提

图 25 杭州保俶支提　　　　　　　　图 26 杭州雷峰支提　　　　　　　　图 27 苏州虎丘支提

　　法华寺的这个支提群，支提为主，同时还有两个小塔。支提和塔的区别一目了然。
　　以下一排图片中的支提（图25、26、27、28、29），是南亚模式的支提。

图 28 西安大雁支提　　　　　　　　　　　　　图 29 大理三支提

　　支提，梵文caitya的音译。《摩诃僧祇律》对塔和支提的功能区别非常重要，但没有告诉我们塔和支提在造型上有何区别。不过我们都有经验，在中国，只有垒阁式的建筑里才供佛像，最完整的例子是山西应县木塔，每层阁里都供着佛像；而覆钵式的建筑不供佛像，北京的例子是北海公园的琼岛白塔。所以，应县木塔应该称为应县木支提，相同的例子是北京颐和园的佛香阁和杭州钱塘江边的六和塔，都是支提。
　　为什么供佛像的是支提？来源是我们读过的鸠摩罗什译的《妙法莲华经》。
　　《妙法莲华经》在《见宝塔品》里说，释迦牟尼讲《法华经》的时候，出现一个塔，"此塔中有如来全身……号曰多宝"，多宝佛就是我们在《悲华经》里读到过的宝藏佛，多宝佛还是菩萨的时候发过誓，成佛灭度后，凡是说《法华经》的地方，他的塔就会冒出来，全身在塔身中。注意是全身，不是舍利，所以《见宝塔品》说的塔，是支提。"于是释迦牟尼佛以右指开七宝塔户……即时一切众会，皆见多宝如来于宝塔中，坐师子座……尔时多宝佛于宝塔中，分半座与释迦牟尼佛……即时释迦牟尼佛入其塔中，坐其半座，结跏趺坐……普告四众：'谁能于此娑婆国土，广说妙法华经，今正是时'。"这是二佛并坐造型的真正来源，而不是为了取得造型的左右对称。

多宝佛与释迦牟尼佛之间，没有传法衣的情节。因此我们在第20、19、18窟里看到的二佛执法衣并坐的造像，不是《妙法莲华经》里的二佛并坐，而应该是昙曜为表达释迦牟尼佛指定和弥勒佛继承的传法关系而设计的，所以并不出现支提造型。

但这并不是说，支提崇拜就与弥勒信仰没关系了。《普贤菩萨说证明经》告诉我们："我（普贤菩萨）尔时天上遣金翅鸟（图22、23）下，召取有缘（者）。此鸟身长二十里，纵广三十里，口衔七千人，背负八万人，得上兜率天，（与）弥勒（菩萨）俱时下"，可见支提崇拜与弥勒信仰有共性。由此我们也知道，支提崇拜里是有金翅鸟的造型的。金翅鸟（garuda 迦楼罗），我们习惯叫大鹏金翅鸟，是印度教大神毗湿奴的坐乘，鹰身有喙，以龙为食，为佛教所用。

昙曜五窟以后开凿的云冈诸窟，我们可以看到法华信仰和支提崇拜成为主流。例如第 2 窟里（图17），中心位置就是一个支提，它既在建筑力学上起承重，防止窟顶坍塌的作用，又可以供围绕崇拜佛像。这种形式的窟，称为支提窟，也就是宿白先生定义的"凉州模式"。

昙曜开凿的五窟里，弥勒像的左手执法衣，依据于《佛说弥勒大成佛经》，而晚于昙曜五窟的其它窟里的弥勒，则是依据支提崇拜，弥勒像做成"佛王一体"的倚坐相（pralambapādasana），倚坐相，就是两小腿都垂下的坐相。

在中国是把支提和塔统称为塔，你如果说支提，几乎没有人知道你在说什么。但是作为研究造型的我们，是要能分清什么是塔，什么是支提。整个中国，绝大部分是支提，塔很少。最精彩的支提，是在北京昌平山中辽代建的法华寺支提群，完整地呈现《妙法莲华经》的讲述。同时，还有两个小塔，清楚地呈现支提和塔的区别。

图30 北京西黄寺六世班禅舍利塔

图31 日本奈良唐招提寺舍利塔

图32 北京北海琼岛白塔

1—1

图34 敦煌莫高窟第275窟（局部）　北凉（李松提供）

图35 敦煌莫高窟第275窟（局部）　北凉（李松提供）

　　这个龙头璎的形式，我们在敦煌254、275窟中也可以看到，它应该证明了北魏灭掉北凉之后，将北凉原窟的胎体保留，敷绘上北魏的制式，宣告新的统治者是北魏皇帝。

图33 敦煌莫高窟第254窟南壁（局部）　北凉

图 36　第 8 窟　后室　南壁拱门上侧

图 37　孝文帝拓跋宏交脚细部

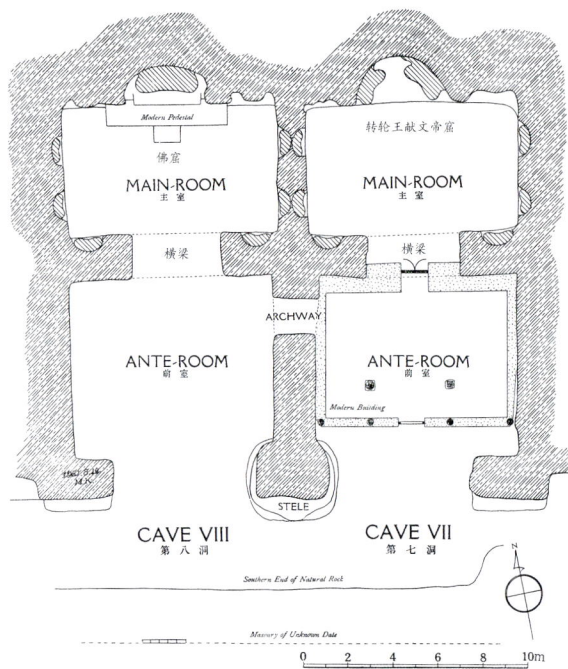

图 38　第 7、8 窟平面测绘图　日本京都大学版《云冈石窟》图版

164

图39 第7窟 后室 南壁拱门上侧

宗教与王权的细节

"……第七窟的六小孩像的建造对应第八窟的六小孩像的建造，第七窟转轮王窟之主尊之转轮王像的建造也是对应第八窟佛窟之主尊佛像的建造。但是第七及第八窟的六小孩像所呈现之对应造像情形，与两窟之主尊，以一佛对应一转轮王的情形，乃完全不同。第七窟与第八窟的六小孩像，是指同样的一组小孩；而佛与转轮王在两窟中各指相关而不属同一类的人物。因此，此六位小孩中间之配戴转轮王饰物者及呈交脚坐者都是当时北魏的一位转轮皇帝。这位小转轮王又是谁呢？我们只要回去考察北魏的历史记载，就知道，此六位小孩即是显祖献文皇帝的六个儿子，而配戴转轮王饰物者，或呈交脚坐的小孩，即是北魏孝文皇帝。显祖献文皇帝共有七个孩子，但其第七子彭城王勰出生时，不但其母潘氏卒，献文皇帝也在此年（476）崩。第七、第八窟六个小孩的造像，因此是在显祖献文皇帝还活着的时期建造的。显祖是在和平六年（465）登位，当时其才十二岁，只做了七年的皇帝，在其十八岁那年（471），便被迫让位给五岁的孝文皇帝，以太上皇的姿态助理国政。显祖非常短命，其于承明元年（476）死时才二十三岁。

从第七窟的造像，我们可以看出，北魏显祖在开此窟时，是北魏宫中拥有两位转轮王共同执政的期间。因为第七窟的主尊是一位转轮王的造像，即显祖自己的造像，而此主尊所面对的一排小孩，其中也有一位转轮王的造像。显祖一代，北魏宫中拥有两位转轮王的时期，是在皇兴五年到承明元年（471—476）之间，也就是显祖十八岁到二十三岁的时期，或是孝文帝五岁到十岁的时期。如果是这样，第七及第八窟的开窟，不会如长广敏雄所说的这么早。长广所提出的此二窟开凿的年代，显祖只有十二岁，当时北魏宫中不但没有二位转轮皇帝，而且第七窟所造之二王相对的场面也还未发生。

……

云冈既然是一处北魏信仰佛教政治文化的记录场所，我们就不能只用研究北魏宗教信仰的眼光去评定云冈的造像内容。历来许多学者都从宗教信仰这个角度去了解及解释云冈，因此造成的误解便不计其数。小川晴阳与长广敏雄用'六美人'及'六天像'去解释第七及第八窟六小孩的造像便是很好的例子。"（古正美《贵霜佛教政治传统与大乘佛教》第597页）

图40 孝文帝拓跋宏佩戴龙头璎细部

面对熟视无睹的造型，古正美用佛经对造型的规定、历史文献交叉，钩沉出造型中细节的意义，同时也就指出了云冈石窟的真相关系。

图 41　第 16 窟　太子拓跋晃立像
作者 摄

第16窟。着皇室装的主尊立像。这个窟环境空疏，有强烈的肃穆感，当年可能绘有壁画。

我们知道，昙曜在云冈开凿五窟，造价只有皇家才承担得起。这样的耗费，昙曜怎么敢敷衍一窟？所以这个主尊一定是个非常重要的人物。

刚看的第17窟主尊是交脚转轮王文成帝拓跋濬，这一窟，第16窟，有没有可能……

从讲过的北魏史我们知道，文成帝拓跋濬的父亲，是祖父太武帝拓跋焘的太子拓跋晃。拓跋晃以太子监国，同时有北凉来的僧团在周围，玄高为首。但是拓跋晃不但没有继承到帝位，反而成了太武帝灭佛的牺牲者，继承帝位的是自己的儿子拓跋濬。

儿子当了皇帝，难道对自己的父亲，尤其是笃信佛教，准备佛教治国的父亲，没有一个纪念和尊敬的交代吗？

古正美先生对这一窟的主尊的判断是：太子拓跋晃。再合理不过。

拓跋晃未能成为转轮王，所以只能着皇室装束。雕像巨大，孤立，右手施无畏印，表情欣慰，悲凉，坚定，随你对史实的感受而变化，是有个性的石雕像。从艺术角度来说，它和第18窟的殉难僧团，尤其是玄高头像，是昙曜五窟，同时也是中国佛教造型艺术史上的杰作。昙曜五窟的石雕，绝大多数是制式之作，固然伟大，但在艺术上难与这两处相比。

古正美定义云冈石窟是中国独特的"家史神庙"，非常准确。

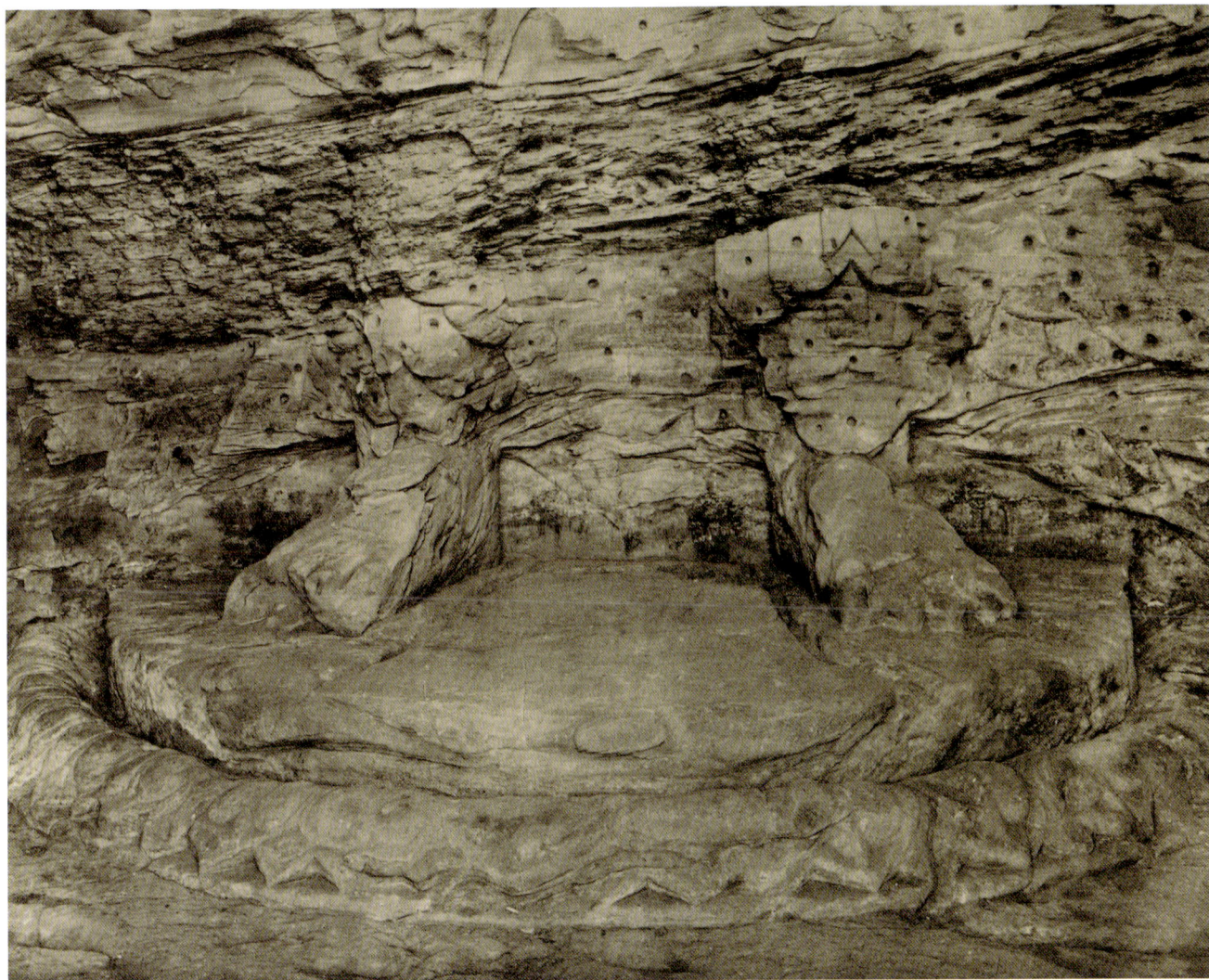

图42 第16窟　太子拓跋晃立像脚下莲花座　日本京都大学版《云冈石窟》图版

虽然太子晃没有成为转轮王，但是立像底座是覆莲座，具有菩萨的地位。

167

谢赫六法——佛画成为主流

当我们了解了汉代造型的气韵生动，又了解了犍陀罗的佛教造型，再综合了解了他们互相之间的关系，我们才有可能理解南北朝时南齐的"谢赫六法"到底在讲什么。

尤其是"谢赫六法"，在中国历代都被奉为画论经典，又尤其是在近当代，已经达到过度解释的程度，我不得不在这里做个复原。历代至今的专家学者，都不注意魏晋南北朝时佛教造型在中国的规模之大，引起的文化震荡之大。不了解这种情形，就会脱离语境解释来解释去，令人惋惜。

气韵生动

我们已经了解了汉代造型的精神是气韵生动，在此略去不讲。

骨法用笔

我们会想，既然是气韵生动，那就自由自在，任性挥洒，岂不快哉？！其实自由不是这样的，一定要找到一个限制，自由才会体现。例如写文章，起码要选择中文、英文或法文等等的文字限制，才好自由起来吧？自由同时是一种能力，给你自由，你未必就有能力自由。骨法用笔，就是气韵生动的描绘限制，也是一种能力。这种能力，是用笔能否有运行的内在力量的体现。能体现出来，譬若卸肉见骨。"骨"，不是骨头架子的意思。历来对"骨法"，有非常多的解释，而且形成了过度解释。其实只要像古人那样将笔法内化为绘写行为，当下即解，无需解释，只有对初学者才会去解释。谢赫面对的是初学者吗？不是初学者，为什么要有这一法？它其实和谢赫另外的对画品的评判有关：同样的骨法用笔，还有神品、逸品、能品之分。

气韵生动和骨法用笔，是汉代尤其是东汉成熟的造型准则，是那时的宇宙观的造型化，六法里其他的四法，不好和这两法比。

应物象形

真是不好比。我在以前的课里讲过，气韵生动是一种抽象，这里却好像规定要写实。如果是准则，那就是写实主义了。谢赫是南北朝时南朝的齐人。从东汉晚期开始传入的佛教，此时已遍地开花，在北朝，例

出其言善千里應之苟違斯義
同衾以疑

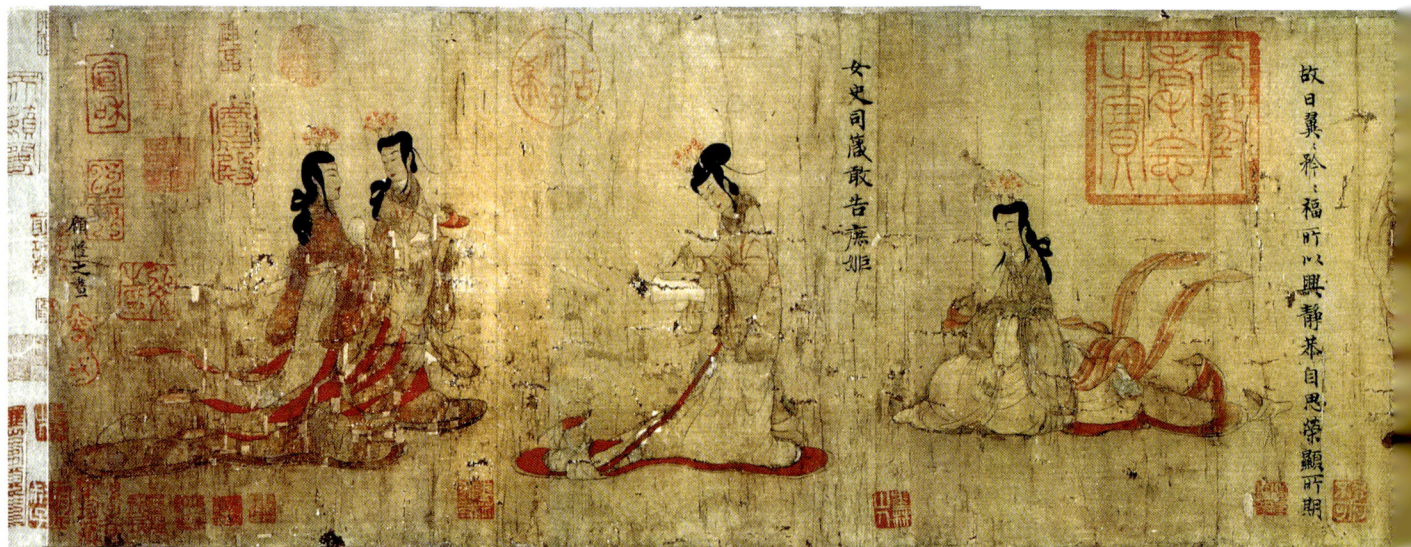

女史司箴敢告庶姬

故曰翼翼矜矜福所以興靜恭自思榮顯所期

顧愷之畫

图 1 女史箴图 东晋 顾恺之 长卷之一 大英博物院藏

长卷之二

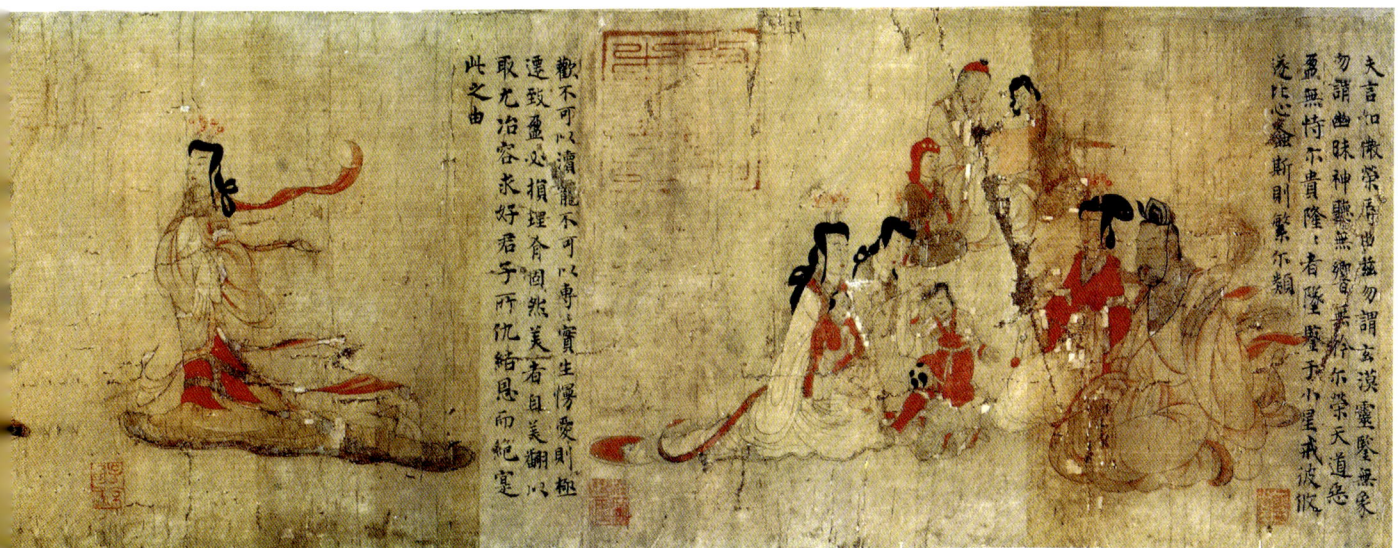

长卷之三

如北凉、北魏，已是国教。在南朝，虽然石窟少，但是寺庙多，唐朝诗人杜牧诗句"南朝四百八十寺，多少楼台烟雨中"，大家耳熟能详。寺庙中，壁画为造型大宗。总之，佛教带来新的造型规定，已经成为造型的主流，谢赫接下来的四法，无论从政治上讲，从宗教上讲，都是对主流造型的叙述。

谢赫在品评画家时，将东晋的顾恺之评为第三品级画家。大英博物馆存有顾恺之的《女史箴图》（图1），有人认为是唐摹或宋仿，但是我们将图中妇女梳妆的奁和当代出土的汉代奁比对一下，完全一样。所以即使是唐摹或宋仿，应该是没有走样的。手卷虽然有缺残，但通体是气韵生动，骨法用笔。这样的杰作，怎么会是三流画家的画！

谢赫在《古画品录》里，列为第一品的五位画家是陆探微、曹不兴、魏协、张墨、荀勖。

我按他们所处的年代排列一下：

曹不兴，三国时吴国人，当时康僧会（康国僧人名会）等人携佛像范本到吴国，曹不兴勤奋临摹，之后，或者画成手卷供礼拜，或在寺庙画成壁画，据说他做大佛像高达五丈。曹不兴被后世称为"佛像之祖"；

卫协，西晋人，师曹不兴，传画有《七佛》；

张墨、荀勖，同为卫协弟子，传张墨有《维摩变相图》；

陆探微，南朝时宋朝人，元代汤垕在《画鉴》说到陆探微："余平生只见其《文殊降灵》真迹，部从人物，共八十人，飞仙四，皆各有妙处。内亦有番僧，手持髑髅盂者，盖西域俗然。此卷行笔紧细，无纤毫遗恨，望之神彩动人，真希世之宝也。"

看下来，都是那个时代的佛教画家。谢赫这样对画家的选择和排列，不是很清楚吗？画佛画的画家是第一品，其他则次之再次之。

顾恺之，历史记载也画过佛画。大顾恺之二十岁的戴逵，唐《历代名画记》说："逵既巧思，又善铸佛像及雕刻。曾造无量寿木像，高丈六，并菩萨。" 他制作的无量寿佛木像和两尊菩萨木雕，后来被迎请到会稽山灵宝寺。南朝宋文帝再把像迎至后堂供奉，北朝齐高帝建成正觉寺后，再次把三尊木像移到正觉寺。这个戴逵，就是《世说新语》里记录的"雪夜访戴"的那个戴。王徽之是王羲之第五子，借老爸的名声，学名士样式，却矫情骄态，明知道戴逵不会见他的，到了戴逵门前就折返，说："吾本乘兴而行，兴尽而返，何必见戴！"给自己赚了个名士广告，戴逵也算是躺枪吧。"居不可无竹"也是他的矫情典故。宋《宣和书谱》评其书法是"作字亦自韵胜"，很客气，却是在说他的字无"气"。说走了，转回来说顾恺之。

东晋的时候，建康，也就是现在的南京，建了个瓦官寺，它是天台宗祖庭。开始建的时候，传说募捐不成，只有顾恺之认捐一百万钱，却不交现金。和尚急了，顾恺之说，先用认捐的名义借钱盖起来，留给我一面白墙好了。传说墙弄好之后，顾恺之闭门画了一个多月。之后顾恺之请寺僧开寺门，让信众参观，规定当天来看的人，捐钱十万，第二天五万，第三天随意。头一天，为争睹顾恺之"开光点眼"，信众涌入，顾恺之当众起笔，为画好的维摩诘点睛。一百万即时捐足。我在上世纪1972年的时候，从云南北上回北京探亲，过南京，到集庆门一带去寻这个瓦官寺，一遍混乱，没有找到。听说本世纪初在原址又盖起来了，很小而已。

我的意思是，戴逵和顾恺之也画佛画啊，为什么谢赫只将他们列为第三品？其中的道理，应该是：第一品以下的画家，气韵生动和骨法用笔没问题，但在其余的四法里有问题，应该就是没有全部按佛教定的规则去操作造型。我们再去看第一品的曹不兴的介绍，他可是老老实实勤勤恳恳临摹康僧会从天竺带来的佛画啊！

是的，对六法里的四法，好像完全可以用现在的概念做对应的解读。但是，我们要时不时地提醒自己，同样的词，在不同的时代，所指是不一样的，我们要尽可能地站在作者的时代去考证它的意思。

随类赋彩

我们现在使用的颜料，色类、色阶丰富，色度递进细致，以致我们看到随类赋彩，想当然就认为画的对象是什么色，相应调色即可。可是在汉代，甚至到现在，所谓的中国画颜料，颜色只有数种，石青、石绿、朱砂、赭石、藤黄等等，即使调和，也是做不到随类对应赋彩的。

这个"类"，是"类色"，我小时候宣武门外的棚匠还使用类色这

图2 甘肃张掖丹霞地貌

图3 莫高窟第254窟　主室南壁　敦煌研究院文献研究所提供

　　这是"经营位置"的一个典型。它的初作应该是北凉时期。壁画的顶端形状，是应窟顶的形状而变化；中部左侧是左手执法衣右手施降魔印的弥勒佛，周围是恐怖奔散的外道群魔，是姚秦僧人鸠摩罗什译的《佛说弥勒大成佛经》中的弥勒下生信仰；紧接在右边的"萨埵太子舍身饲虎图"部分即出自北凉僧人昙无谶译的《金光明经》里《舍身品》中的《摩诃萨埵太子舍身饲虎》本生故事。注意图左上角的塔也就是支提，意

义在鸠摩罗什译的《妙法莲华经》的法华信仰。同时支提右下方，亡逝的太子在皇后怀中，他们的身后，则是要带太子升天的大鹏鸟的头；整铺壁画左上部的交脚转轮王，胸前黑色的昂起的龙头璎，与云冈石窟第17窟北魏转轮王的龙头璎一致，应该是北魏灭北凉后的改画。

个称呼，素稿儿上对于不同的位置是何颜色，有符号标记，例如标"工"，就是红，标"土"，就是墨，标"六"，就是绿。工、土、六等等，所谓"类色"，便于在大图上"随类赋彩"。

第二是等级的意思。就像王朝时代，明黄是皇家专属色，从官员到百姓，不可使用。寺庙有黄琉璃瓦的，一定是御敕，例如杭州灵隐寺。唐朝官服，紫色为贵，颜真卿的碑文中，不厌其烦地标明自己配紫金鱼袋。佛教中，佛，菩萨，罗汉，不同的级别，敷相应的彩，是规定。

"骨法用笔"是讲勾线，"随类赋彩"是讲涂色。

经营位置

这一法，会被长期在平面上作业的我们，想当然地理解为在一个标准面上"构图"，但是我们去敦煌、云冈、龙门看佛教的雕塑还有壁画，最大的问题是场地环境并不标准。怎么相应这样那样的情况，是要经营一番的，例如水源要避开才不会使颜料胶质粉化，敷彩才不会脱落。尤其龙门石窟，信仰系统改换，政权更迭，情况就更复杂。敦煌同样，后代覆盖前朝的壁画，避开或利用原有的龛或基座，都能看出经营的尴尬或苦心。玉石雕刻有所谓"巧雕"，就是要充分考虑到玉石的各种因素，利用或避免，经营出一个作品。

我们看定为敦煌254北魏窟的南壁壁画（图3），虽然不算是个"经营位置"的极端例子，但也很能说明位置经营之复杂。它的上部，有一排龛，内有泥塑像，胎体的造型风格，属北凉式。左边最大的龛里的交脚转轮王，却是与下面左手执法衣右手施降魔印的弥勒佛传法图为一组的，施降魔印的弥勒佛周围是惊恐奔逃的外道，体现的是《佛说弥勒大成佛经》的弥勒下生成佛信仰。

弥勒佛传法图之右，就是大家耳熟能详的萨埵太子舍身饲虎图。此图极尽气韵生动之能事，尺围之中，以曲折盘旋坠落的连续位置，经营出发愿、堕崖、饲虎，收尸、入葬的过程，叹为观止。亡逝的萨埵太子左上方是明确的支提，支提的两旁是恭请太子进入支提的菩萨们，但这是《妙法莲华经》的法华信仰和支提崇拜。

最下层的是通铺的整条画幅，是听法的兴高采烈的诸天。我个人的看法是，整个南壁，可能是三个时期不同的经营位置造成的：五个龛原

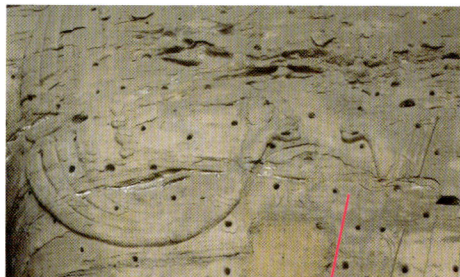

图4 云冈石窟第17窟 转轮王像 龙头璎局部

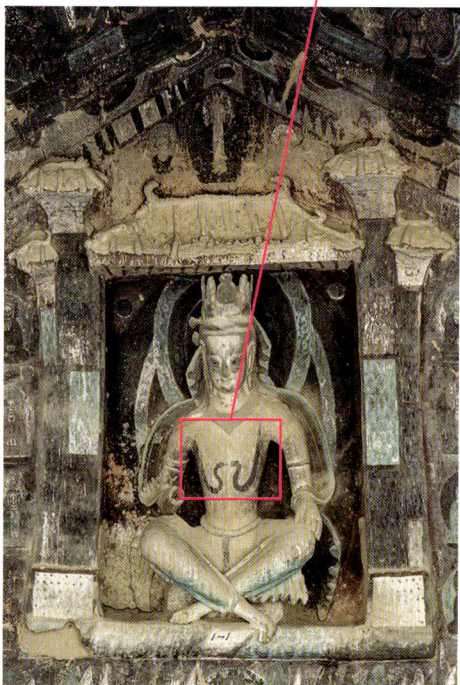

图5 莫高窟第254窟 主室南壁（局部）

176

型和千佛画像是北凉的，属北凉《悲华经》系统，北魏再敷彩；弥勒佛部分属《佛说弥勒下生经》系统，北魏敷彩同时所画；饲虎本生故事则是晚于下生系统，取悦于当时信众传颂。

总之，这面墙，是复杂的经营位置的好例子。

传移模写

关键是"移"、"写"。我们要知道，画工最重画样。怎么把画样转移到墙上、绢上或纸上，有很多办法，最常用的是在画样上扎眼儿，撒白粉或炭粉，揭走画样，工作面上就留下很多白点或黑点，之后画起来，用笔走线就依据这些点，不走样而且笔迹漂亮。其他还有打格放大等等，我们还在用，当然现在用投影仪就更方便准确了。我小的时候，还能看到宣武区的棚匠有佛、道人物的样，那是他们揽活儿的家底。如果深究一下的话，这一"法"，讲的是好的"样"，或标准的"样"怎么传递下去的问题。

前面讲过的曹不兴，就是勤奋移写康僧会等人携来的佛像范本，被谢赫列为第一品的画家，可见传移模写在谢赫的心里是非常重要的，所以将这个工艺过程收进来成为第六法。

谢赫六法里，没有一法讲我们现在常讲的主题创作。为什么？因为佛教雕塑、绘画的主题早已有了，不必当时的工匠、著名画家们操心了，只需按六法操作就可以了。因此这六法要放到佛教兴盛的语境里去认识理解，才不会将之盲目奉为有中国特色的美学真理，除了气韵生动、骨法用笔两法。

佛教造像的高峰——北齐

大家可能会觉得突然，因为我们的课，到此应该结束了。我们在课程开始的时候，所谓探源，一个纵向，考察从新石器时代一路下来的造型，一个由星象崇拜构成的宗教系统而形成的造型系统，到汉代，宇宙观、世界观的造型表达，转换成由气韵生动表达；这时，一个横向的佛教系统过来，与我们的纵向系统碰撞，两种宇宙观、世界观并行，交汇，互借，造型上却是气韵生动改造了犍陀罗的造型，成为中国式的佛教造型。

我们的文明的造型探源的脉络，就是这样一个脉络。这两个源的脉，一直影响到我们现在。讲完这两个脉，之后的延续，就不必由我来讲了。

不过就在我讲到这里的时候，中国佛教的造型，突然出现了一个高峰，就是北齐的佛教造像，让我不得不再讲一下。

北魏在公元 534 到 535 年分裂成东魏与西魏，东魏佛教造像在造型上继承北魏。公元 550 年北齐取代东魏，高洋成为皇帝。高洋一反北魏孝文帝元宏全盘汉化而全面鲜卑化。1996 年山东青州出土窖藏佛教石雕像，让我们对北齐的佛教造型有了清晰的认识，同时也让很多收藏在境外的博物馆的北齐佛教石雕像得到确认。很多北齐的佛教石雕像因为保存良好，好像昨天才完工，被很多博物馆疑为伪作，这下都松了一口气。其实 50 年代在河北临漳修德寺出土过大批北齐的佛教石雕像，有一大部分收藏在北京故宫博物院，不过因为没有展出过的原因，不为人知。在座的雕塑系的王伟教授与杨静教授和故宫有关系，联系好了，我们可以去近距离观察那些精品。

这次看到的北齐石雕，有两三米高的，也有一米多高的，还有一些小型的，也就是说：雕像以环境场合分类。一般来说，大型的雕像，是公共场合的，例如庙宇，石窟，自不必说。小型的，甚至微型的，是私室环境的，例如家庭佛位、佛龛。这类雕像，一般比较精细，经得起近观崇拜祈祷。

我所说的北齐是一个佛教造像的高峰，除了像青州的那些雕像，主要指的是小型石雕像。从新疆地区的佛像造型来说，中亚地区，像乌兹别克，大致是一个类型，团脸，藕臂，与犍陀罗型不相一致。一直到北凉的佛像，都是这个类型。发生明显变化是在北魏，北魏佛像的新类型是长脸，长鼻，嘴角向上的弧形嘴。这应该是新的"样"，供传移模写的样。到了北齐，又是一个新样，这个新样，较之北魏，是嘴唇线平了，嘴角窝儿的深雕，变成浅雕。我们可以说这是因为最高权力者的骨像不同，所以"样"也随之变，好，我们就来找一找北齐的转轮王的像。

北齐的转轮王，也就是皇帝，可以先依犍陀罗的传统，从思惟像找，我们从《悲华经》知道，思惟是转轮王信佛之前的一个行为。从北魏到北齐的雕像里都有这类像，戴的是三叶冠（图6）。从这个明确定为北齐的思惟像的脸型，我们可以找到很多相同脸型的北齐菩萨像（图7）。

图6 转轮王思惟像　北齐　山东青州博物馆藏

图7 转轮王菩萨装像　北齐　山东青州博物馆藏

图 8 北齐文宣帝转轮王头像　45°侧面像　私人收藏　作者摄

现在我们看这个像（图 8、9），三叶冠残损，脸型非常饱满，最重要的是有活体气息感，头脸部位的骨感和肉感转换清晰微妙，方腮，神情威猛。它的鼻梁，从侧面看，有些向下弯坠，是实像的处理，佛像不会这样处理的，佛像要概括成宗教感。我们看那几尊菩萨像，脸型相似，但变化成神情温散，鼻梁挺直，成为宗教性的脸型。所以这个像应该是最接近北齐文宣帝高欢的实貌。我们在北凉、北魏的转轮王像中，还没有

图 9　北齐文宣帝转轮王头像　90°侧面像　私人收藏　作者摄

找到过类似的石像。虽然北魏时期，有师贤做文成帝拓跋濬"令如帝身"，包括脚底有黑痣的文献记载，但是那个像我们无从看到，只知道"令如帝身"的实像要求。这个实像的处理，可与犍陀罗的那些转轮王实像比较（见《悲华经》章节图30），各胜一筹。

图 10 北齐文宣帝菩萨装
河北省博物馆藏

图 11 北齐文宣帝捧钵月光童子装
私人收藏 作者摄

以这个精彩的实像为标准，我们几乎可以将现在所能见到的北齐菩萨像做一个类别摘出，也就是说，哪些是按照文宣帝高洋原型做的宗教像，再从宗教像来验证高洋当年所取的信仰系统为何种。

所以我们看到河北省博物馆收藏的这尊精美的三叶冠璎珞菩萨像（图10），和私人收藏的这尊尤其精美的三叶冠奉钵菩萨像（图11），它们明显是以高洋的实像为据，保留方腮而年轻化，纯净化，化入宗教境界，成为到北齐为止的造像高峰。这两尊像，尺寸都不大，应该是私人场合的供养，更可能是皇家的私人供养。因为窖藏的原因，保留了精彩细节，例如冠带和裙褶，精准微妙的垂坠感；眼线凿削锐利，却造成朦胧柔和意味；微笑的唇线处理，有颤抖感，却化为崇敬；把握了俗世的代入与出世的移神刹那之间，禁得起长久凝视，忘却所处之境。也许口中一腥，吐血而亡，绝妙的东西有时堪比毒药，不胜久观。

相比之下，隋、唐的造像水平，向下滑落，唐以后，就更不能相比了。这种滑落，应该与当时的战争造成人口巨量亡失，包括工匠在内有关。可以说，一个时期的造型水平，是当时的工匠的能力造成的。我个人非常怀疑北齐时为了将高洋造成区别于北魏的鲜卑"样"而成新"样"，特地从天竺请了雕塑师，才有了这个水平。它前无古人，后无承继。隋的佛像就逊一酬，也许雕塑师亡于战乱？可惜可惜！

＊见古正美《从天王传统到佛王传统》第四章《齐文宣与隋文帝的月光童子信仰及形象》。

南朝梁的慧皎在《高僧传·释道安传》记载了习凿齿给道安的信，其中提到"所谓月光将出，灵钵应降"。依照古正美的梳理证明＊，此月光为月光童子，有钵的崇拜，并一路钩沉，推测月光童子的信仰出自于阗。

佛藏中有失轶本经而留下经目，关于月光童子的经有《众经目录》卷第五记载的《失利越经》，隋费长房《历代三宝纪》《入藏目·有译》里记有《失越经》。我在这里介绍的是西晋时译的《佛说申日经》，因为它的故事比较完整，我还是做了标点，重要内容标以红色。以"失利越"和"失越"的译音来看，"申日"的"日"，应该是"曰"的误写，到有刻板的技术后，仍照抄本之误，或许是刻错了。

佛说申日经　　　　　　　　　　　　　　　　大正藏 No. 535

西晋 月氏 三藏 竺法护 译

原注：开元录中无法护译，恐是支谦误为法护。

　　闻如是：一时佛游王舍城灵鸟顶山，与大比丘千二百五十人。尔时王舍城中有大豪富长者，名旃罗日，财宝无量，敬信佛法，供养众僧，精进难及。长者有弟，号名申日，不信佛法，奉诸邪术，见兄奉正，每怀恚嫉。所可侍师，号不兰迦叶。不兰迦叶五百人等，谓申日言："今汝兄者，独不侍我。不知真道，而反信佛。"时旃罗日知异道人所共论说，语申日言："吾明日欲请卿师，宁肯自屈诣吾舍不？"申日答言："当往报之。"申日即往诣其师所，长跪白言："我兄今欲降伏，请诸大人，明日自屈诣其舍食。"师言："大善。"即受其请。时申日还白其兄言："今已受请，明日当来。"时旃罗日，多使人客，于门中地掘作大坑，令深五尺。以青泥满其坑中，薄覆其上，令如平地。又复豫作五百发脚床，皆施一脚以禤之。以五百钵成熟乳酪，以此供具待异道人。明日时至，来诣请所。诸尼犍子，无有法则，乱行并肩，先入无上。适至门中，皆各使走，却堕泥坑，污其衣服。悉皆嗔恚，各欲还去。时旃罗日，使人牵留解语其意："此旧泥坑，道人不知，而堕此坑，不故为之，幸莫嗔恚。愿前饭食，贸易衣服，尽请令入。"在门里，径先付酪器，皆手持已，便语令坐。适却居床，床皆反侧，五百道人，皆僵仆地，钵酪浆者，激灌其面及其衣服。时诸道人，益怀嗔恚，语申日言："汝今投我与兄共谋，毁辱吾等，甚为不细！"是时申日亦大不乐，道人嗔恚皆弃舍去。时旃罗日复牵留之，为说方便譬喻之言："属卿曹等堕泥中时，身体正黑，甚为丑恶，如卿之道。今酪正白，其色鲜洁，譬如佛道。亦可舍卿所奉之术，来就吾法。"诸异道人不复与语，怀恚而去。明日，申日往诣师所，长跪自陈："我兄无状，所为非法，我实不知。愿师加哀，不见咎责。虽尔，今者当为大师报昨日之怨。我兄但以泥坑酪浆，毁辱师等耳。我今所报，当过于此。今我兄所侍之师，我当请之。掘门里地，令入五丈，以火着中薄覆其上；设众饭食，皆内毒药。时佛当来，若不堕火坑中者，当持毒饭而分布与以此杀之。于师何如？"时师报言："如佛世尊，多智圣猛睹去来事。他人所议，辄豫知之。卿虽欲尔，恐不能谐。"申日复言："先当请之。若其受者，为无所知。若必明圣，不受吾请。"师曰："大善。"是时，申日出王舍城，诣灵鸟山，前到佛所，叉手揖让而白佛言："我欲请佛及诸弟子，愿屈光仪到舍小饭。"佛言："大善。"于是申日欢喜而退，还白其师："佛已受请，为无所知，但当掘坑具毒饭耳"。时诸异道人皆大踊跃，展转相谓，以为大庆。

　　申日有子，名旃罗法（汉言月光童子），先世宿命，学佛经道。有神猛志，志在大乘。白其父言："佛者大圣，神通已达。前知无穷，却睹无极。蜎蜚蠕动，心义所念，皆豫知之。莫用邪冥恶人之言，受其重罪。"时旃罗法复白父言："假令劫尽满其中火，三千刹土皆悉周遍，又取诸毒揣若须弥，犹尚不能动佛一毛，况此小坑而欲害之？今父所作，譬如萤火，自以小明欲蔽日月；譬如小鸟，欲以其身冲崩铁围，反碎其身无所能谐。今诸异道所作如是。不须请佛。"其父不信，故如前谋。明日时至，遣人白佛："所供已办，愿可自屈。"于是如来便起向道，放大光明，一切洞彻。是时十方有十菩萨，皆阿惟颜。一一菩萨，各与亿百那术无数菩萨，俱飞来会。各将宝华旃檀名香，以众伎乐供养世尊，诣王舍城，欲观如来有所感动。时申日舍有金色光皆明如日，旃罗法白言："今佛现舍金色之光，佛以向道有此感应，可往止之不须使前。"父故不信。是时，申日第一夫人号名月羽，旃罗法母也，见此变瑞，踊跃欢喜，即发无上正真道意于是。旃罗法白其母言："今当敕五百夫人，皆令庄严，出见如来。所以者何？世尊难值，亿百千劫时有佛耳。五百夫人，皆悉受教，欢喜侍佛。"佛入城时，足蹈门阈。三千国土，皆大震动。诸有疾病，悉为除愈。盲视聋听，喑疖能言。跛蹇者行。诸被毒者，毒皆不行。诸有乐器，不鼓自鸣。金银七宝，皆作音声。飞鸟走兽，相和悲鸣。时十方神并诸天人，各与尊神不可计数，皆悉随从，诣申日舍。佛蹈火坑，变为浴池。中生莲华，大如车轮。华有千叶，七宝为茎，其色妙好，佛蹈其上。及诸菩萨所可蹈华，皆生五百叶。弟子乘

185

者，华生五百叶。申日见火坑作此变化，心中惊悴，即大惶怖，头面作礼。佛入其舍，菩萨弟子，皆悉坐定。申日忏悔，前白佛言："我大无状，所作非法。今饭食中，皆有毒药。乞得更备办，宿留须史。"佛言："持毒饭来，我自食之。"申日欢喜，即如佛教，分布饭具，皆悉周遍，便即受之咒愿达嚫。其毒饭者，变为百味，香闻十方。其有闻此饭香气者，自然饱满身得安隐，皆发无上平等道意。饭食毕竟，五百夫人及旃罗法，为佛作礼，却住一面。长者申日自取小床于佛前坐，而白佛言："世尊，神通有三达智，我之所作，想佛已了。不即逆告语我，乃令吾等兴立非法，造此恶事。佛岂不知我所议耶？"佛告申日："乃昔过去阿僧祇劫，尔时有佛号提和竭如来，为等正觉，其明无量，度诸懈废。"与众开士及大弟子无央数，俱行入城。时有长者名鞞陀卫，时适出城。有梵志女，鲜洁少双执持名华。时长者子，即以银钱五百，从卖华女，得华五茎，以散佛上。佛即授其决言："汝却后无数阿僧祇劫，当得作佛号释迦文。汝作佛时，当有长者名申日，与异道人合构逆事。火坑毒饭，规欲试汝。虽有此恶，当因汝得度。"佛告申日："时长者子，今我身是。我乃尔时从如来授记，即得明决之定，以为悉豫知汝名字。况汝昨日所谋议事，岂不知乎？当知诸佛善权之慧，欲以因缘，有所起发。"长者申日闻佛所说，即得法忍，复自叹言："如来之智，无所不度。明知我今不复受罪。所以者何？过去世时锭光如来豫说我名。今当为佛之所开化，以是言之不复受罪。"时佛说法于王舍城，长者居士无央数千，及异道人五百之众，皆发无上正真道意，五百夫人即时逮得不退转地。月光童子，从坐而起，赞叹佛已而白佛言："设我末世得作佛时，令我国土一切人民，无有恶心，皆应质朴。有诸恶国人民刚强五浊贱世，我愿于中而开化之。"佛告阿难："汝闻月光童子所说不乎？"阿难对曰："唯然已闻。"佛告阿难："我般涅槃千岁已后，经法且欲断绝，月光童子当出于秦国作圣君，受我经法兴隆道化。秦土及诸边国，鄯善、乌长、归兹、疏勒、大宛、于填，及诸羌、虏、夷、狄，皆当奉佛尊法，普作比丘。其有一切男子女人，闻申日经，前所作犯恶逆者，皆得除尽。当知世尊之所应度如是。如是其有犯逆尚得度脱，何况至心学佛道者？"佛说经已，一切众会，莫不欢喜，作礼而去。　佛说申日经

　　这个经，具体说到月光童子，饭钵是重要器具，正如我们前面提到习凿齿给道安的信中说的"月光将出，灵钵应降"。所以我们三生有幸，见到童子奉钵石雕像，能够判定童子为月光童子，能够判定这个月光童子像是依据齐文宣帝高洋而造型。学而应用之，不亦乐乎？可是我们不要误会，历史文献中的高洋，非常残暴，喜怒无常，是一个典型的间歇性精神分裂者。

　　我们要知道，所有的佛教雕塑，都是敷彩的。开玩笑说，雕塑系是做胎的，半成品，壁画系是敷彩的，完成品。石雕，是希望胎体保持永远。常说的若向佛、菩萨许愿得报，则"再塑金身"，这个"再塑"，不是新造个像，而是给你向之许愿的佛像，再贴一层金箔。"脸上贴金"，也是这个意思，不过很早就借来贬讽某类人的话语行为。美院的审美，以素胎为美，这是一个西方的审美养成。西方的这种审美，来自出土的失彩的古希腊石雕。古希腊的所有石雕，在当时，是敷彩的，现在看起

图 12 月光童子像 北齐 河北省博物馆藏

图 13 月光童子像 新疆和田达玛沟追缴文物

来的白色眼珠，当时是画出眼神的，而非现在看来的迷茫、肃穆状。上个世纪末，意大利在地中海找到古希腊的沉船，船里恰好有当时运的宙斯像，短卷发，彩绘的眼珠，目光如剑，真乃神的目光，烁烁逼人，而肤彩，则是黑。美院系统，能接受这个吗？而且，能接受宙斯是个黑种人吗？推而广之，与其猜测米罗的维纳斯的断臂原来是何状态，不如猜测敷彩的维纳斯，是何目光？当代通过比对其他同期的雕像，辨识出这个著名的米罗维纳斯，其实是个举着纺锤的妓女。米开朗基罗的大卫石雕，瞳孔凿凹点，造成眼球反光的效果，可见文艺复兴时的大师，对敷彩之事，已有误识。米开朗基罗的另一个误识不是他自己造成的，圣经文献曾经误写摩西的头上有角，其实是有光，结果大师做摩西石雕，在头上很认真地雕了一对角，你们去佛罗伦萨，可以看到这个著名雕像，除了角，真是雕得好。米开朗基罗的好，在于他的人体充满了气脉流动。我们看古希腊的那个《掷铁饼者》，在最发力的状态中，气脉何在？传统美学家告诉我们，那是古希腊的审美，肃穆。误判。也不能苛责，因为彩掉了。气脉在敷彩上，看地中海捞出来的那个宙斯就明白了。

从探索文明源头的角度讲造型史，或者从造型的角度去探索文明的源头，我的讲述就到此结束了。至于唐宋元明清，不在源头主旨之内，而且研究者众多，材料非常丰富，你们大可各请高明。

一个纵向的轴，从新石器时代到汉代，一个横向的轴，佛教，由中亚向东，与汉代汇合。这两个轴的冲突与融合的关系，一直贯穿下来，直到今天，决定着我们的造型形态，是我们的资源，也是我们的遗产。这样庞大丰厚的资源，我们是采取"无产阶级文化大革命"的虚无弃毁，还是赎回我们的自身，端看诸位自己了。

终于说到武则天

啊，是的，你们说那个武则天和那个无字碑到底怎么回事，好像应该有个交待吧。不过说了这么久的佛教政治制度，你们应该会猜测武则天也是用转轮王的模式成为皇帝的吧？对，又不对。

依照文献，我在这里按时间先后做个流水账，大家就清楚了。

唐朝建立之后，唐高祖李渊标榜上承老子李耳，尊道教，道士的地位在和尚之前。这是北魏文成帝拓跋濬崇佛灭道之后隔了一百六十多年，道教的一次大翻身。唐太宗李世民为了防西突厥的东进，封锁西部边境。贞观二年（628），玄奘越境西行求法，贞观十九年（645）回到长安，受国礼迎接。玄奘译经之前，唐太宗李世民要求玄奘写出西行情报，于是玄奘口述，弟子辩机笔录，于贞观二十年（646）完成《大唐西域记》呈太宗。书中记到某国某地，距长安里程到个位数，标志性建筑，季节变化起止，人口，民风，宗教信仰，物产，情报非常详尽，足供先锋与后勤部队精确使用。

到唐高宗李治，宗教情势开始转变。永徽四年（653），唐高宗敕褚遂良书写唐太宗制文的《大唐三藏圣教序》，唐太宗制文启首即称"盖闻太仪有象"，道教的口气，之后称佛教为"圣教"，通篇不称"佛"，同时书写高宗为太子时撰写的《大唐皇帝述三藏圣教记》，之后刻石立在长安慈恩寺大雁塔下。显庆二年（657），唐高宗到蒙山开化寺礼佛并出资装修，这就是我们今天在太原附近可以看到的北齐蒙山大佛，我当年去看的时候破败不堪且无佛头。显庆三年，玄奘为唐高宗译出《十一面神咒心经》，内容是关于密教十一面观音信仰。显庆四年（659），玄奘又译出密教观音佛王信仰的《不空罥索神咒心经》，内容有关密教观音佛王信仰。麟德元年（664）二月，玄奘法师逝于长安西明寺，享寿六十九岁，生前翻译经论七十五部，计一千三百三十五卷，与唐高宗和武则天关系非常密切。咸亨三年（672），由僧人怀仁费二十年时间集王

图14 大唐三藏圣教序 褚遂良书

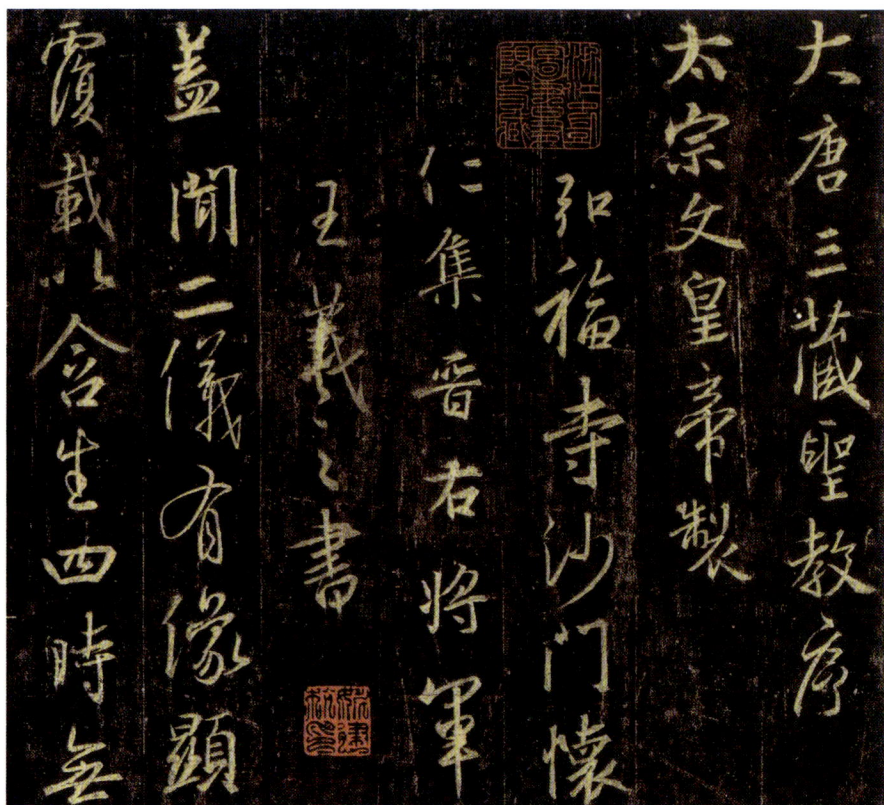

图15 大唐三藏圣教序 怀仁集王羲之字

羲之的字组成的唐太宗制文的《大唐三藏圣教序》，完成并立碑。这年唐高宗开始在洛阳龙门建《华严经》佛王信仰的主尊卢舍那佛巨像，就是我们今天看到的龙门大佛，皇后武则天捐脂粉钱两万贯，同时在龙门慧简洞雕弥勒佛像。上元元年（674），唐高宗"改皇帝称天皇，皇后称天后"。唐高宗李治扭转了唐高祖李渊和唐太宗李世民崇道抑佛的国策，明确地要以佛教治国。

但唐高宗此时使用的佛教系统，不是我们之前讲的北凉、北魏的那个《悲华经》系统，而是《华严经》的系统。《华严经》的系统，是佛和转轮王成为一体，北齐和隋就有传入，而且一佛多身，释迦与弥勒、卢舍那、转轮王自成一佛多身，这造成后代辨认的一定混乱。这就是我们的课程，要先从《悲华经》与犍陀罗佛教开始，阅读经典，辨认造像，延伸到云冈石窟，学习到犍陀罗的系统，之后，才有能力辨认《华严经》的系统。我们之前认真读过《悲华经》，那次阅读的经验，可以供你们比较轻松地阅读《华严经》。

永淳二年（683），应该是二十多年前玄奘推荐的密教观音佛王信仰的推动吧，高宗派人去请印度僧人菩提流志来唐传密教观音佛王系统，不过高宗同年去世。武则天于垂拱元年（685）剃度、重用薛怀义，薛怀义成为洛阳白马寺住持，建佛授记寺，主管《大云经》《大云经神皇义疏》译作，为武则天做佛王准备经典来源。垂拱四年（688），薛怀义为武则天造"明堂"和"天堂"。《资治通鉴》记载明堂三层，高二百九十四尺，天堂更高，五层，"太后命僧怀义做夹纻大像，其小指中犹容数十人"。夹纻是夹纻漆的意思，天堂中几百尺高的巨像，木胎夹纻漆像或石雕像都是不可想象的，只有夹纻脱胎漆做成的像才有可能。我小的时候还见过夹纻脱胎漆做的佛像，内里是空的。做法是先用泥塑好佛像，之后在泥胎上敷麻，再在麻上一遍一遍地涂漆，漆干后，将泥胎冲走，就剩下一个漆壳儿的像了，很轻。这样的像，彩绘贴金，适宜摆放，节日来了，又方便抬出去游街。现在这个工艺没有了，其实美院雕塑系可以用传统夹纻脱胎的方法做塑像。上世纪 80 年代初的时候，外国人把夹纻漆像差不多都买走了，所以国内很难见到这种像了，不过据说最近福建有专家在做木胎夹纻漆佛像，木胎，就重了。美国纽约大都会博物馆有一座夹纻脱胎漆佛像，标为唐代的，那就非常非常珍贵了。我当年看到这一尊佛像时，才开始推测薛怀义建的神堂大佛应该用的是脱胎技术。日本奈良唐招提寺有一座鉴真和尚像，夹纻漆的，大家有机会可以去看。

回来说武则天，也就是这一年，垂拱四年，武则天称"圣母神皇"。载初元年（690）一月，凤阁侍郎河东宗秦客献上十二个新造的字，其中的"曌"，武则天用来做自己的名。这个曌字，是《华严经》主佛卢舍那的意思。卢舍那（Vairocana），是大光遍照的意思，也就是密教中的"大日如来"。武曌的意思，即我武则天就是卢舍那佛，也就是洛阳龙门的那个大佛，本来是李治造的，现在武曌接着用。七月，薛怀义和法明等人，呈献《大云经神皇义疏》，说武则天将以女身弥勒佛王统治天下。九月，武则天称"圣神皇帝"，用"天授"为年号，改皇姓李为武，改国号唐为周。这两样事，古来都是要天翻地覆，血流成河的，可是武则天没有大起干戈就成功为中国历史上唯一的女皇帝，原因就在于她使用佛教神的威权，同时使用佛王一体的信仰，使民众服从这种宗教合法性。十月，武则天敕令各州建大云寺，在洛阳训练大批僧人，派去各州宣讲《大云经神皇义疏》。

16 河南洛阳龙门石窟主尊卢舍那佛　唐代

图 17 佛像　夹纻脱胎漆制　唐　纽约大都会博物馆藏

长寿二年（693）九月，远在永淳二年派人去请的印度僧人菩提流志，周转了十二年，终于在这一年到了洛阳。菩提流志带来了密教观音佛王信仰。武则天请菩提流志翻译《宝雨经》，改自己的尊号为"金轮圣神皇帝"，放弃《华严经》的佛王系统。

对这一放弃，薛怀义非常不满，第二年正月初一，七十一岁的武则天又改回《华严经》的佛王系统，改尊号为"慈氏越古金轮圣神皇帝"，慈氏，是弥勒的意思。改年号为"证圣"（695）。不过薛怀义还是在愤怒中于十六日夜烧了明堂和天堂，二月初四，武则天派人殴杀薛怀义，十六日，去掉了自己的尊号中的"慈氏越古"，改回密教观音佛王系统。事情的反复，只在月旬之间。九月，改尊号为"天册金轮圣神皇帝"，改年号为"天册万岁"。

不过武则天在腊月又改年号为"万岁登封"，转过年来的二月，新的明堂建成，改称"通天宫"，这让我们想起北魏太武帝时寇谦之永远不要造完的那个"静轮天宫"，武则天于是再改年号为"万岁通天"（696）。在"万岁"期中，去封嵩岳，禅少室山，改道教了，不过仍然使用佛王称号。

这一年九月，武则天派法藏，对，就是"华严宗"的第三代祖师，用金师子为譬喻为武则天讲《华严经》的那个高僧，去讨伐叛乱。记载上说法藏建十一面观音道场平了叛，武则天于是又改年号为"神功"。

长安元年（701）十月，武则天回长安时，敕令在光宅寺建七宝台，企望延寿。长安四年（704），迎长安法门寺佛骨舍利到洛阳，对，就是陕西的那个法门寺，地宫里有武则天捐奉的裙子。

终于是公元705年，八十二岁的武则天，武曌，病重，正月初一，改年号"神龙"。二十二日，宰相张柬之等迎太子李显进入皇宫，杀武则天的面首张昌宗、张易之，再进到武则天的寝宫，逼迫武则天让位。所谓的武则天的面首，无非是她修行密宗的工具而已。二十三日，武则天令太子李显监国。二十四日，传位于太子李显。二十五日，李显登帝位，即唐中宗。放宫女三千人，皇族中的流放者和籍没者，子孙恢复属籍。二十六日，武则天被迫移居上阳宫。二十七日，中宗李显为武则天上尊号"则天大圣皇帝"。二月初四，中宗恢复国号为唐，郊庙、社稷、陵寝、百官、旗帜、服色、文字均恢复原状。十一月二十六日，公元705年12月16日，武则天死于上阳宫仙居殿，遗诏去帝号，与高宗合葬乾陵，赦免王皇后及萧淑妃的族人。

神龙二年（706）五月十八日，下葬武则天于乾陵。试问，在乾陵墓前武则天的碑上怎么写？写什么？写那一连串儿的佛王皇帝尊号吗？墓里已经有一个皇帝李治了，显然不合适。写她的谥号"则天大圣皇后"吗？她又实实在在做了十五年的皇帝！所以绝不是现在人猜测的什么"千秋功罪，任后人评说"，无非是，算了，别写了，无字碑吧省得麻烦。

中国从东汉末年传进来的佛教、转轮王、弥勒下生、佛王、观音佛王系统，一直不绝如缕，一是帝王统治的使用，二是农民暴动的号召。一直到中国古代要结束的时候，还有一个差点儿翻起的小浪花。

图 18 乾陵武则天无字碑 唐（上：历史照片 下：现状）

图 19 唐乾陵卫星图 陕西

陵顶

武则天无字碑

修复后的阙

热衷摄影的慈禧太后

　　清朝末年的慈禧太后，生在一个摄影术初起的时代，而且她立刻就喜欢上这个新技术。这很像现在我们对手机、数码相机的态度。前些年，地摊儿上卖很多翻印的慈禧的照片，还用了烟熏黄，搞得像老照片、古董。其实原版照片冲洗得很彻底，不会有定影用的硫代硫酸钠残留，所以不会发黄。19 世纪末，干板质量已经很好了，不过只能记录光的明暗，例如红色就不会感光到胶片上，所以慈禧脸上的胭脂色反映不出来，只能拍成大白脸。我对慈禧摆拍的装扮南海观音的照片很感兴趣。说到观

图 20　慈禧扮观音之一　历史照片

图 21 慈禧扮观音之二　历史照片

图 22 慈禧扮观音之三　历史照片

图 23 慈禧扮观音之四　历史照片

鹫峰

仿 《悲华经》、《佛说弥勒大成佛经》
开首处讲到的耆阇崛山

转轮王有千子，无量寿佛
周围有千佛

殿内供奉慈禧太后
自比的密教观音

佛香阁，诸佛下生支提

卧佛寺 ●
释迦牟尼涅槃

香山藏经琉璃支提
犍陀罗的词义即香山

● 万寿山

图21 北京西郊卫星图

音，你们会不会想到讲过的武则天的密教观音佛王信仰？而且咸丰十一年（1861），咸丰皇帝驾崩，同治继位，尊慈禧为"圣母皇太后"。所以，你们会不会猜测就像武则天准备《大云经》一样，慈禧拍这些照片也是一种准备？

这就牵扯到慈禧晚年的一件大事，重修颐和园。

北京的颐和园，大家都很熟悉，我小时候历史课的讲法是慈禧太后用海军经费修了这个园子为自己祝寿。后来才知道，是乾隆皇帝给他母亲六十大寿，建了清漪园，把原来的瓮山改名万寿山，山南临湖建大报恩延寿寺，咸丰十年（1860）被英法联军烧毁。光绪二十年（1894），慈禧太后因六十大寿挪用海军军费重修颐和园，颐是脸颊的意思。由于中日战争战事紧迫，慈禧太后只好在紫禁城里的宁寿宫过了六十大寿，颐和园没用上。光绪二十四年（1898），著名的戊戌变法与这里有关，旧历四月二十三日宣布变法后，光绪帝连赴颐和园十二次，召见维新派人士，筹划变法事宜。八月初四日慈禧太后自颐和园回紫禁城，两天后，发动政变，光绪被长期幽禁在颐和园中的玉澜堂。光绪二十六年，也就是 1900 年，先是对八国列强宣战，结果八国联军攻入北京，慈禧太后和光绪帝就是从颐和园逃往陕西的。七月二十五日，俄军抢先占领颐和园。

我们到颐和园万寿山下，从湖边的"云辉玉宇"牌楼，经排云门、二宫门、排云殿、德辉殿到佛香阁，这个支提建筑内里，应该供奉《华严经》里不管是弥勒、卢舍那哪尊佛。从这里朝东可以看到"转轮藏"石碑。再过众香界，上到智慧海，这个建筑也叫"无量殿"，讹称"无梁殿"，不过这个殿的结构确实没有梁。殿外装饰有琉璃千佛。这样的组合，就是以前我们讲过的无量寿佛的造型组合，殿里应该供奉的是无量寿佛。不过我们现在看到的是标称为观世音菩萨的像，这倒与慈禧的信仰系统正合。

我们再来观察更大区域的卫星图。最西边，是鹫峰，鹫峰就是我们读过的《悲华经》《佛说弥勒大成佛经》里释迦牟尼传法的耆阇崛山即灵鹫山。向东，我们可以看到卧佛寺，表示释迦牟尼涅槃。再向东，应该有有关弥勒下生的宗教场所，应该是由万寿山佛香阁这个大支提建筑承担。向南，我们可以看到香山。香山，就是犍陀罗，gan 的意思就是"香山"。宗教系统转换，慈禧要做南海观音啊，她要的是密教观音佛王信仰。

她做了四十七年的垂帘听政，也许她想以观音佛王的方式转到帘前执政？毕竟不是没有前例，康熙、乾隆都做过文殊菩萨佛王啊，乾隆就去过五台山十几次啊。

1908 年 11 月 15 日，慈禧太后病逝，没有遗嘱，但遗体上盖的是织金的陀罗尼经被子，织有汉字陀罗尼经文二万五千字，缀有八百多粒珍珠。光绪先她一天去世，我们到底也不能证明圣母皇太后究竟要做什么。

我个人感慨的是，佛教在中国流传了两千多年了，政教合一的神化跃跃欲试代之以共和，尤其上世纪 80 年代以来，社会普遍觉醒，回头路是走不成的。反而是，对觉醒者释迦牟尼的初愿，也就是《悲华经》里宝海梵志的发愿，我们还记得吗？

谢谢诸位的耐心，我们用造型探讨文明之源的课，就此结束了。谢谢诸位！

2010 年 5 月